二《に》河《が》白《びゃく》道《どう》ものがたり

いのちに目覚める

英月

春秋社

二河白道ものがたり――いのちに目覚める

目次

二河白道ものがたり——いのちに目覚める

第Ⅰ章　空しくないか？

そもそもの事の始まり

「空しくない？」。

それは、あまりにも唐突なYの告白だった。

私は「贅沢の限りを尽くしていて、何が空しい？」と喉元まで出かかった言葉を、慌てて熱いコーヒーと共に飲み込む。親しき中にも礼儀ありだ。けれども視線は恥ずかしいほどに正直で、Yご自慢のハリーウィンストンの結婚指輪を見てしまう。それは、丸いテーブルを囲むようにして、私の正面に座っていたTも同じだったようで、Yとの間の鞄カゴに無造作に放り込まれた、目の覚めるような青いケリーバックに視線を落としている。

そんな私たちにはお構いなしに、Yは言葉を重ねる。「ねぇ、空しくない？」。三人の中で一番年長のTは、グラニュー糖に覆われた分厚いフレンチトーストに丁寧にナイフを入れながら、「どうしたの？」と穏やかに聞き返す。他人の鞄を凝視していたことは、既になかったことになっている。

Tが住む香港にも「西多士《サイトーシー》」と呼ばれるフレンチトーストがあるのに、彼女は京都に来るたびに必ず、この店でフレンチトーストを食べる。兵庫生まれの彼女が、京都の古い町屋を買い、香港に住みながら民泊として貸し出しているのは、単にお小遣い稼ぎが目的ではなく、この店に通う口実のためではないかと、私は半ば本気で思っている。T曰く、油で揚げているのに、まるでシフォンケーキのように軽い、この店のフレンチトーストは唯一無二。これを食べるためだけに、国境を越えるのは苦ではない、らしい。大袈裟だとは思うけれど、子どもの頃からの贔屓の店を褒められるのは、悪くはない。

小ぶりのグラスの中でゆらゆら揺れるオレンジジュースを背景に、小麦色のYの指に貼り付いた、クッションカットのダイヤモンドがキラリと光った。窓から差し込む初夏の日差しを受けたのだが、どうしても芝居じみた輝きに見えてしまう。

昔からYには、そういうところがある。話し方に芝居っ気があり、仕草までが計算されている。どういう仕草で話せば人々の注目を集められるのか、もっといえば、その人々の感情までも操れるのか、知っているかのようだった。

ケンとの結婚が決まった時、「ケンの母親とおばあちゃん、まとめて丸め込んだのよ〜」と、屈託なく笑った顔が思い出される。いったい、どうやったのか？と思うけれど、私自身、八歳下の彼女に、簡単に丸め込まれた経験があるから、何となくは想像できる。まぁ、邪推だけど。

短大を卒業して、一〇年間勤めた地元大阪のホテルを退職後、Yは二ヶ月間の予定でアメリカのサンフランシスコに旅行に行った。せっかくアメリカにいるのだから本場で英語を学ぼうと語学学校に通い、そこで働く私と知り合った。日本町のガールズバーでバイトをすると言う彼女に、「観光でアメリカに入国して働くのは違法だよ」と、私は学校側の人間として軽くたしなめた。その時だ、Y劇場を初めて見たのは。

自分の生い立ちから渡米理由、そして決してゆとりがあるとはいえない経済状況を、話し始めたのだ。雄弁にではなく、朴訥に。身振り手振りが大きいわけではない。ハムスターが餌を両手で持って口に運ぶように、小刻みに両手が上下に動いている。不安な気持ちをアピールしているかのようにも見えるが、小柄な彼女がそれをすると、私がいじめているような錯覚を覚える。ちなみに私は大柄だ。身長は一七〇センチを超えている。突如もよおされた、いわれのない罪悪感から「イミグレ（移民局）に見つからないように気をつけてね」と言ってしまっていた。

違法行為を黙認しただけでなく、擁護するかのような発言。一瞬にして私は、学校側の人間から、彼女の理解者側に立場を変えられたのだ。些細なことかもしれない。けれども、これは大きな違いだ。後に彼女は言った。私のように毛穴から正義感があふれ出ているようなタイプは、簡単だったと。自分の味方に、簡単に取り込める。そして悪びれることなく、ご丁寧にも一言加えた。だって、学校で働いている人と仲良くなると、後々トクだと思ったのよね、と。

Yの好感度が落ちてしまうような話をしてしまって、少し反省をしている。ゴメンなさい。って、誰に謝ってるんだか。確かに、彼女のやり方に共感できないことは多い。けれども、その言動には湿気がない。陰湿さというものが、一切、感じられないのだ。それは、自分の欲望に真面目だからかもしれない。欲しいものが明確で、それを手に入れるためには、手段をほぼ選ばない。と聞くと、嫌なイメージを抱くかもしれない。けれども、バカを付けてもいいほど素直な彼女の性格が、それをさせない。そして、私はそういう人が嫌いではない。

実家が寺で、私自身、出家をしていて僧侶だということを知ると、彼女は私を「お坊さん」と呼ぶようになった。「お坊さん、お茶に行こう」「お坊さん、週末、何してる?」と、とにかく憎めないのだ。そう、私は簡単に丸め込まれた。

そんなYが、アルバイト先のガールズバーのお客、ケンと結婚したのは、私が日本に帰ってからのことだった。サンフランシスコのリッツカールトンで行われた結婚披露宴に招待されたが、私はとても行ける状態ではなかった。お恥ずかしながら、実家の寺を継ぐ予定だった弟が「お坊さん嫌だ」宣言をして、寺を出て行ってしまったのだ。それが、アメリカに骨を埋めるつもりだった私が、京都に帰った理由だった。パーティー好きの私としては、ぜがひでも行きたかったが、当時は実家がドタバタしていて、とても京都を離れることができなかったのだ。残念無念。

さて、それから一〇年。私たちの友情は続いている。今ではYは、八歳の男の子と五歳の女の子のママである。アメリカの小学校が長い夏休みに入ると、子どもたちと一緒に日本にバケーションに帰ってくるのは、ここ数年の恒例行事。子どもたちは日本の小学校や幼稚園で学び、Yは私たちとの旧交を温める。夫のケンはサンフランシスコで働いている。ちなみにケンという名前だけれど、日本人ではない。彼が高校生の時、家族でアメリカに移住した、香港生まれの中国系アメリカ人。大学卒業後、職を転々とし、今はＩＴ企業に勤めている。実家は香港とアメリカで不動産会社を経営していて、ありていに言えば、超が付くお金持ち。そんな彼との縁談がまとまったのは、彼女いわく、「ケンの母親とおばあちゃん、まとめて丸め込んだのよ〜」だ。私が秘かにY劇場と呼んでいる、アレだ。

一体全体どう丸め込んだのかが気になるが、彼女から聞いた断片的な話をまとめ、結論だけ言ってしまうと、次のようになる。ひょんなことからケンの母親たちと一緒に、麻雀卓を囲む機会があり、その時に苦労した子ども時代の話をしたらしい。それ以来、毎週末、麻雀に誘われるようになり、ケンよりも仲良くなってしまったとか。

幼い頃、家庭の事情で父方の祖父母の家に引き取られたYは、経済的に困窮しただけでなく、およそ子どもらしい遊びからも見放された。代わりに祖父から、囲碁、将棋、そして麻雀を仕込まれた。麻雀は、祖母と父の弟、現在、プロ雀士として活躍しているYの叔父も加わり、一家総出でやっていたらしい。つまりYは、べらぼうに麻雀が強いのだ。強いというのは、相手に合わせて弱くもなれる。

何が幸いするか分からない。ムダなことなど、何もない。Y曰く、楽しいことが何もなかった暗黒の子ども時代、そして十代。その時に身に付けた麻雀と、年長者との会話力が、今の基礎となっている、らしい。

とにもかくにも、そうして手に入れた、ハリーウィンストンの指輪であり、エルメスの鞄であり、今の環境なのだ。ついでに言っちゃえば、引き締まった体型を維持できているのは、パーソナルトレーナーを雇える財力があるからだ。家族、お金、健康、人生の目標のほとんどを手にした、いわば成功者だ。なのに、何が空しい？

お気づきかもしれないが、私は彼女に嫉妬をしている。いや、ただ単純に羨ましいのだ。自分が置かれている環境と彼女のそれとを比べ、私が持っていないものを持っている彼女を羨ましく思う。闇夜の嵐のような辛い幼少期、そして十代を抜け、今、雨上がりのような眩しさに包まれている彼女が。この世のと言えば大袈裟すぎるが、少なくとも、この老舗コーヒーショップの、壁一面のガラス窓から差し込むすべての光を集め、彼女の指で虹色に輝く石と同じく、キラキラと輝いている彼女が。柔らかな丸顔の下から、にじみ出ている逞しさが、眩しくて、美しい。

どんな悲壮な現実も彼女の口から言葉になって出てくると、何でもないことのように聞こえるから不思議だ。だから、人生に絶望したかのような「空しい」という告白でさえ、芝居じみて、ユーモラスに聞こえてしまう。それはそれで、申し訳ないのだが。

「ねぇ、お坊さんは空しくならない？」。

Yの言葉で、現実に引き戻される。指輪と彼女の横顔を見つめ続けていた照れもあった私は、「三万ドルの輝きが眩しいわぁ」と、おどけて言った。「どうだ！　眩しいか！　私の血と汗と涙の結晶～」。Yは、ふざけて私の顔の前で、手をひらひらとさせる。ホント、憎めない。

泥沼のようなTの場合

「私も、あるよ」。

キャッキャッと騒ぐ二人に、水を差すような声でTが言う。芝居じみていたYとは違い、真面目な（その実、そうではないのだが）Tが発すると、言葉の重みがまるで違う。一瞬にして明るさが失われ、爽やかな朝食の場で話していい内容なのかと、躊躇してしまう。それにT自身も気づいたようで、「朝からこんな話でごめんなさい」と、慌てて付け足す。

「ノープロブレム！　続けて。朝からでも、夜からでも一緒だよ。だって私たち三人が揃うのって、年に一度か二度のことだもの。思い出した時に話しておかないとね。それに、そもそも言い出したの、私だし」。Yがクロワッサンを手に、続きを促す。

あっけらかんとしたYとは対照的に、Tには竹久夢二が描く女性のような影がある。商社勤務の父親の仕事の関係で、七歳からの三年間をメキシコで、その後五年間をアメリカで家族と暮らした。経済的に恵まれ、何不自由なく育ったのに、自己肯定感が驚くほど希薄。Yを引き合いに出すのも心苦しいが、Yよりも圧倒的に恵まれた幼少期を過ごしたはずなのに、何も持っていなかったと思っているフシがある。反対に、何も持っていなかったであろう（失礼！）Yは、全てを持っていたかのように振る舞う。それは見ていておかしいほどだが、同時に歯がゆくもある。どうして卑下する？　あなたは素晴らしいのに！　事実、口に出して言ったこともあるが、「私なんて……」とかえって殻の中に入り、しばらくは出てこない。

そんな物事の受けとめ方の違いが、物事を伝える声の違いとなって現れるのか、彼女が口にすると、どんな言葉でもシリアスに聞こえてしまうから不思議だ。以前この店に三人で集まった時、その話になり、Tにメニューを上から順に声を出して読んでもらったことがある。「アラビアの真珠、コロンビアのエメラルド、プレミアム、ジャーマン、キリマンジャロブレンド……」。ただのメニューが、国際問題のような響きを持ち、笑い転げたことがある。

「私も読む！」と、Yがメニューを取り上げたが、彼女は学芸会のようだった。最後にメニューは私の手に回ってきたが、三つ目の「プレミアム」を読んだところで、Yのストップがかかった。「恰好をつけていて、面白くない」という理由で。

アメリカ暮らしが長い三人の間で、敬語を使うことはない。そもそも、一番年下のYがあの調子で、私の二つ上のTに対してもタメ口で話しているが、実は三人揃って、アメリカで会ったことはない。

バケーション中に住む場所を関西で探していたYに、Tが京都に持つ町屋を紹介したことをきっかけに、年齢もタイプもまったく違う三人が仲良くなったのだ。関西出身で、サンフランシスコに住んでいたことがあるという共通項で妙に気が合ったのだが、そんな私たちが会えるのは、確かに年に一、二度のこと。しかし、当初二ヶ月の予定でアメリカに行ったYが今はサンフランシスコの住人になり、アメリカに住み続けると思っていた私は京都に、日本に住むはずだったTは香港に住んでいる。人生は、面白い。

「Yが言う空しさと同じかわからないけど、私も感じるんだよね」。伏し目がちにTが言う。朝食のプレートに乗っている肉厚なボンレスハムにナイフを入れながら、「だろうな」と私は心の中でつぶやいた。「あんなことばかりしていたら、そりゃ空しいよ」と、声を出す代わりに、茅ヶ崎にある工房に依頼して作らせたというハムを噛みしめる。噛めば噛むほど広がる旨味に、気持ちを集中させる。そうでないと、またTを傷つけることを言ってしまいそうだ。

おおよそ京女とは思えない直球の言葉で、私は過去に二度ほどTを泣かせている。Yのことをバカを付けてもいいほど素直だと言ったが、他でもない私自身がそうなのだ。おまけに、Yの言葉を借りれば、毛穴からあふれ出すような正義感が、それに拍車をかける。

「あなたのことを思って」「よかれと思って」、笑顔で人を傷つけるのだ。正義を握り締めた人間ほど、恐ろしいものはない。それをわかっているのに、やめられない。私の中で生まれる感情を、意志の力でなかったことには出来ない。なかった〝ふり〟はできるけれど。だから私は、目の前にあるハムやスクランブルエッグに集中する。余計なことを言わないように。善人ぶらないように。

「昨日、〝銀行〟に会ったんだよね」。ナイフとフォークを持つ私の手が、一瞬止まる。しまったというTの気配を感じるが、私は視線をあげずに、サラダのアスパラガスにフォークを突き刺す。

「まだ続いていたんだ」と言う代わりに。

〝銀行〟とは、かれこれ一〇年以上、Tとの腐れ縁が続いている銀行勤めの男のことだ。Tを大切にしないことがあからさまで、私に言わせればどうしようもない男だ。そのことを容認してしまっているTにも腹が立つし、他人のことで、カッカしている自分には、もっと腹が立つ。そもそも他人の恋愛には口を挟むべきではない、というのが私の持論なのに、〝銀行〟がTにしていることは、私の神経をことごとく逆なでさせる。

私がTと出会ったのは、友達に誘われて行ったＡＢＬ（Asian Business League）という団体主催のパーティーで、もう一五年近く前になる。「アジア」と名乗っているが、そこに集まったほとんどが、私を誘った友人を含めて、中国系アメリカ人。不思議なもので、その中にいて、アメリカ生まれの日系人ではない、日本生まれの日本人というのは、なんとなくわかる。その人を包んでいる空気が違うのだ。その違った者同士として出会った私たちは、連絡先を交換し、時々食事に行くようになった。

東京の有名私立大学を出て、金融機関に就職。その銀行から派遣され、MBA（経営学修士）を取るためにアメリカの大学院に留学中だったTは、短大を卒業後、都市銀行の本部で働いていた私からすると、桁違いのエリートだった。同じ金融機関で働いていたからこそ、彼女の優秀さがよくわかった。圧倒的な学歴、職歴の差は、否応なく私の劣等感を刺激した。けれども、嫉妬という感情は生まれなかった。キャリア志向ではなかった私にとって、凄いとは思っても、正直、羨ましくなかったのだ。

そんな私が、ABLのような団体の集まりに顔を出したのは、人脈づくりのためだった。自分のことを評価するのは難しい。なぜなら、わかっているようで、わかっていないのが、私という存在だからだ。そんなわからない自分自身だけど、表面的なことでいえば、私は社交的。そして、Tと比べると賢くはない。残念ながら、謙遜ではない。けれども、英語でいうところの、ストリートスマートだ。エッヘン。それに対してTは、ブックスマート。社交性のないTと、社交性しかない私。不思議なバランスで、私たちの友情は成り立っていた。

Tから〝銀行〟を紹介されたのは、私たちが知り合って一年ほどした頃のことだった。昔流行った、トレンディドラマに出てきそうな軽薄な優男《やさおとこ》。それが〝銀行〟の印象だった。「素敵な人ね、優しそうで」。私は慎重に言葉を選び、嘘をつかない範囲で、友達の大事な人の印象を表現した。

この程度の脚色は、閻魔様も目をつぶってくれるに違いない。

Tは嬉しそうに微笑みながら、静かに目を伏せた。彼女の表情に一瞬、影が見えたことが気になったけれど、それを私は照れと受け止めることにした。悪い予感から、人は本能的に目をそらせるのかもしれない。私は彼女の幸せに水を差すようなことはしたくなかった。だから口には出さなかった。初めて会ったはずの〝銀行〟とは、どこかで会った気がしたことは。

まるで喉に引っ掛かった魚の小骨のように、その思いは、しばらく私の心をざわつかせた。小骨が取れたのは、それから数ヶ月後のこと。日本国総領事公邸で行われたレセプションで、私は〝銀行〟に再会した。優男の横には、Tとは違う女性が並んでいた。そうだ！ 彼とは昨年、ここで行われたレセプションで会ったのだ。日系のラジオ局でパーソナリティを務めていた私は、取材として、様々なイベントに顔を出していた。駐在員として日系の銀行で働く〝銀行〟と、その妻を紹介してくれたのは、自身もその銀行で勤め、退職後はラジオ局の経理を、半ばボランティアで手伝ってくれていた男性だった。

それから一年、私と目が合った優男の隣には、昨年と同じ女性が立っていた。つまり、別れていないということだ。私に気づいた優男は、ごく自然に会場を移動し、私に近づいてきた。そして、何食わぬ顔で挨拶したのだ。「一年振りですね」と。

何も知らないのか、傍らで彼の妻はやさしく微笑んでいる。シレッと挨拶するふてぶてしさに、さっき食べたスモークサーモンが、胃から逆流してくるかと思う。京女らしからぬ、Fワード（ものすごく下品な英語表現）があふれ出そうになるが、ぐっと飲み込む。そして、笑顔で言い返した。「あら、そうですね。狭いサンフランシスコの街、どこかでお会いしても不思議じゃないのに、会わないものですね」と、渾身のイケズを放った。

Tから電話がかかってきたのは、その日の夜遅くのことだった。〝銀行〟が結婚していたことを黙っていて悪かったと。

Tがしていることは不倫である。事の是非は問わない。なぜなら、明らかな「非」だから。善と悪なら、当然のことながら「悪」である。けれども、それ自体を非難するつもりはない。と言い切ると、私が非難をされそうだけど。でもね、人と人とが出会い、言葉を交わし、感情が重なり、そこに相手を大事に思う気持ちがお互いに生まれることは、ある。お互いがシングルだったらいいけれど、場合によっては、世間でいわれるところの不倫になることもある。なっちゃイケナイけど、イケナイとわかっていても、なることもあるのは、古今東西、枚挙にいとまがない。

ちょっと脱線してしまうけど、「出会うのが遅すぎた」というお決まりの台詞があって、例に漏れずTも口にしたけど、それは大間違い。Tでいえば、Tが恋した〝銀行〟は、奥さんとの関係によってつくられた〝銀行〟であって、奥さんと過ごした時間がなければ、存在していない。つまり、Tが恋することができた〝銀行〟という存在は、奥さんをも含んだ存在であり、決して遅すぎた出会いではない。と、Tに言ったけど、感情的に受け入れてもらえなかった。

ここでTと〝銀行〟の恋愛について、長々と話すつもりはない。ただ、いかに〝銀行〟が、私の神経を逆なでしたのかだけは、言っておきたい。念のために言っておくが、恨みからではない。なぜなら、私は何の被害も受けていないのだ。

Tはこの後、無事にMBAを取得した。初心貫徹、素晴らしい。しかし、ここで問題が表面化した。そもそも勤めている銀行のお金で留学させてもらっていた彼女は、渡米前に勤務先と誓約書を交わしていた。MBAが取得できなかった場合、もしくは、取得したからといって数年以内に退職した場合、違約金を払うと。ちなみに、違約金は一千万円。つまり、彼女は日本に帰らなければ、そのお金を払わなければならない。三〇歳半ばで、簡単に払える金額ではない。なのに〝銀行〟は、Tとの結婚をちらつかせ、日本に帰らないでくれと泣きついたのだ。そして彼女は、アメリカに残った。違約金は、Tの父親の退職金の一部があてがわれた。

事の次第を聞いた私は激怒した。無防備な正義感が、そうさせたのだ。あんな、しょーもない男のために、大事な友人が堕ちていくのが見ていられなかった。素晴らしいキャリアが、彼女の努力が、そして両親のお金まで。何より、Tを大事にしていないことが、辛かった。自分の都合で残ってほしいのなら、違約金はオマエが払えと憤った。愚かにも私は、その気持ちを、Tにぶつけてしまった。彼女は泣き、そしてしばらく連絡が途絶えた。

〝銀行〟が解雇され、奥さんと共に日本に帰ったことを教えてくれたのは、ラジオ局の経理の男性だった。なんでも不倫が奥さんにバレて、警察が出動する騒ぎになったらしい。

DVで殺人がおこることも珍しくないアメリカでは、相手に直接暴力を振るっていなくても、警察が出動することは多く、実際どの程度の騒動だったのかはわからない。が、とにもかくにも〝銀行〟は日本に帰った。皮肉なもので、帰らないでと泣きついた本人が帰り、帰るはずだったTは残った。違約金を払ってくれた父親を納得させるため、そしてアメリカに滞在するビザのため、TはCPA（米国公認会計士）を取ることにし、大学に通い直していたのだ。

信じられないことだが、二人の関係が深まったのはこれからだった。あろうことか〝銀行〟が、CPAを取るための留学と称して、サンフランシスコに舞い戻ってきたのだ、しかも単身で。高額な授業料や滞在費は、奥さんの親から出ていると、漏れ伝わってきた。海外の日本人社会は小さな村のようなもので、驚くほどの速さでニュースが伝わる。不倫相手がいる街に、不貞の夫をなぜ送り返した？　と呆れるが、〝銀行〟のこと、うまく言いくるめたのか、それとも、その方が奥さんにとって都合がよかったのか……。

家賃が会社持ちだった駐在員時代とは雲泥の差、〝銀行〟はサンフランシスコ郊外のデイリーシティのIn-Lawのアパートメント（半地下の部屋）を借りながら、実際には、Tが住むノブヒルのアパートメントに転がり込んだ。

当時のTはCPAを無事に取り、日系の会社で財務として働いていた。語学学校の受付で働きながら、ラジオのパーソナリティをしている私と比べると、はるかに高給取りだったが、大人一人を余分に養うほど豊かとは思えない。否！　問題は、彼女の給料の額ではない。Tは、彼のために三食を作り、家賃は当然のこと、光熱費も払い続けた。〝銀行〟は一セントも彼女に渡さなかった。

他人の財布事情に私が詳しいのは、Tから直接聞いたからだ。〝銀行〟を毛嫌いしている私に話したのは、彼女自身、彼に対する不満に押し潰されそうになっていたのだと思う。あれは、明確なSOSだったのだ。けれども私は、別れろと彼女の背中を押す言葉を言う代わりに、〝銀行〟の彼女に対する感情をなじった。

「お金がなければ、ないでいい。高級なお店に連れて行く必要はない。一ドルのコーヒーでいいから、自分が払うという気持ちを見せてほしい。私の大事な友達を、大事に扱ってほしい」。

それは、久し振りに連絡をくれたTへの友情宣言でもあった。あなたは私の大事な友達、私はあなたのことを心配している、私はあなたの味方だと、心の底から彼女を思い、その気持ちを言葉に託した。

Tの目に涙がにじみ、苦しそうに顔を歪める。それは、陽の光が店の奥まで明るく照らす、ポークストリートのカフェで見るには、あまりにも場違いな表情だ。カフェオレカップに、なみなみと注がれたコーヒーは既に冷たくなっている。そのカップを両手で包むように持ちながら、絞りだすようにTは言った。「私は、あなたのように強くない」。

彼女は泣いたのではない、明らかに私の発した言葉に傷つき、私によって泣かされたのだ。彼女の涙を見るのは、二回目。サイテーだ。あなたを大事に思うと言いながら、正義の言葉でめった刺しにしたのだ。

自分が大事にされていないことは、彼女自身が一番よくわかっていたはずだ。けれども、その事実に目をつむり、〝銀行〟と一緒になれないのは、奥さんのせいだとか、お金がないせいだとか、他に原因をなすりつけていた。人は、辛い事実よりも、甘美な嘘の方が好きなのだ。

Tは、再び私と距離を置いた。当然のことだと思う。その後も、彼女と〝銀行〟のことは噂話として時折、耳に入ってきた。しかし今度は、私自身が大変なことになり、他人の恋愛に首を突っ込む余裕などなくなってしまっていた。

実家の寺を継ぐはずだった弟が、お坊さんが嫌だからお姉ちゃん僕の代わりに継いで、と告げると、さっさと寺を出て行ってしまったのだ。まさに青天の霹靂、寝耳に水、嗚呼、こんなことが我が身に起こるとは……。

急遽、帰国することになった私に、友人たちは盛大なパーティーを開いてくれた。招待客リストにはTの名前もあったが、メールで送られた招待状は、最後まで既読にはならなかった。パーティーの幹事を務めてくれた友人の一人は、〝銀行〟の妻がアメリカに引っ越してきたこと、それ以来Tの精神状態が不安定になったこと、精神科医のカウンセリングを受けていることを、呆れたように言った。言葉の端々に、くだらない男と付き合った憐れな女というニュアンスが感じられ、やるせない気持ちになった。

どんなに仲がよくても、その友達の仕事、そして付き合っている相手までもが、評価の対象になってしまう。いや、正しくは、評価の対象にしている私がいるのだ。意識してやっているのなら、まだ救いがあるが、意識せずにしているから、やるせない。

たとえば、呆れたようにTのことを言った友人。彼女は、難民としてアメリカにやって来た、一〇も年下のイラン人と付き合っていた。そのことを知っているのは、ごく親しい友人たちだけだった。彼女が黙っていてくれと、必死になって頼んだからだ。その後、ハーフムーンベイで歯科医院を経営するドイツ系アメリカ人と出会い、付き合い始めると、SNSに大量の写真をあげるようになった。その写真のどれもが、贅をつくしたデートの断片だった。

付き合う相手の仕事、財力、容姿までもが、人の価値を左右する。彼女でいえば、難民と付き合っている時は、「友人から心配される存在」だったのが、歯医者と付き合いだすと「友人を心配する存在」になった。と同時に、友人たちの彼女に対する評価も変わった。

「一〇歳も若い難民の彼なんて、一緒になって、どうするつもり？　仕事はできるのにねぇ……」だったのが、「仕事もできるし、女性としても魅力的。憧れる～」に。彼女自身は、何も変わっていないのに。

これは私の邪推だけど、本当は、難民の彼のことを愛していたのだと思う。一般的にいわれるところの条件が悪くても、ましてや友人から隠してまでも、付き合いたかった彼。けれども、世間の評価、価値観で、違う彼を選んだのではないか……って、ヒドイね。実は他でもない私自身が、彼女を勝手に判断し、評価している。無意識にやっているから、ほんと、やるせない。

さて、話をTと〝銀行〟に戻そう。私が日本に帰った翌年、Tも日本に帰ってきた。ビザの延長ができなかったのだ。帰国後はCPAの資格を生かし、大阪にある会計士試験のための予備校で講師として勤めた。二年ほど経った頃、アメリカで働いていた会社が香港に進出することになり、声がかかった。その会社で働きながら、現地で知り合った友人たち五人と日本で古民家を購入し、民泊の運営もしている。京都の他にも、石川にもあるそうだ。

これらのことを聞いたのは、五年前のこと。彼女が香港に住んでいることを風の噂で聞いていた私は、所用で訪れた時に、連絡をとったのだ。最後に会ってから五年以上が経っていた。

Tが指定したコーズウェイベイのレストランに行くと、彼女の姿は、白いテーブルクロスがかけられたテーブルにあった。昼食時には予約を取らない店の前には、すでに長い列ができていた。きっと、私に知らせた約束の時間より、かなり前に来てくれていたに違いない。Tを傷つけた負い目があった私は、それだけで、心がほぐれる思いだった。

点心を選び、料理が運ばれてくるまでのほんの一瞬、テーブルに静寂が訪れた。このまま気まずくなったらどうしよう?　と、心が曇った。けれどもそれは、杞憂だった。

象牙を模したプラスチックの箸で、器用にピーナッツをつまみながら、まるで先週も会っていたかのように、自然に会話が始まった。蒸し物、焼き物、揚げ物、小さなセイロや小皿に盛られた料理がテーブルを埋め尽くす頃には、何のわだかまりもなくなっていた。少なくとも、私はそう感じた。

Tは私の好物の豆腐花《ドウフーファ》を、デザートに注文してくれた。彼女自身は、甘い湯豆腐だと揶揄《やゆ》し、食べないのに。代わりに、中国の蒸しパン、馬拉糕《マーラーカオ》を手にして微笑んでいる。甘い食べ物は、幸せな気分にしてくれる。まだ湯気が出ている、ふわふわの蒸しパンを、小さくちぎって口に入れ、熱い中国茶とともに飲み込むと、Tはおもむろに言った。〝銀行〟とは続いてるんだよね、と。

彼女が日本に帰った後も、〝銀行〟は妻とサンフランシスコで二年ほど暮らした。しかし、小さな商社を経営していた妻の父が倒れたのをきっかけにして、日本に帰国。結局、CPAは取れなかった。そもそも取るつもりなど、なかったのだ。無職だった彼は、義父の会社に入るも、古くからいる重役たちに警戒され、経営の本流からは外された。代わりに、創業者の一人娘の婿ということから、子会社が作られ、社長という椅子を用意されたが、子会社の実体はカフェ、社長とは店長のことだった。要は、商社で扱う輸入食材を使った、小さな飲食店を任されたにすぎなかった。明らかな閑職だが、喜んだのは、〝銀行〟とTだった。既に香港に住んでいたTの元へ、店で使う中国茶の仕入れを口実に、足しげく通うようになったのだ。そして、私が香港に行った時も、彼は彼女のマンションにいたという。

小さな蓮華《レンゲ》を横に滑らすようにして、柔らかな豆腐をすくう。べっこう飴の味がするシロップは、ほのかに生姜の香りがする。豆腐と一緒に、口の中にそっと落とす。あぁ、美味しい。気持ちまで、優しくなりそうだ。私は、ゆっくりと口を開いて言った。「Tが幸せなら、いいんじゃない」。

気休めで言ったのでも、突き放したのでもない。そうとしか、言えなかったのだ。ダメなことをしていることは、何年も前から、本人が一番よくわかっている。だから、精神まで病んだのだ。それを知っている私が願うのは、彼女の心の平安。ハッキリ言って、みんなの幸せなんて存在しない。Tの場合でいえば、彼女が幸せになれば〝銀行〟の妻は不幸になる。そして、その逆もいえる。だから、私は多くを望まない。目の前にいる、Tの幸せだけを確認したかった。たとえそれが、彼女以外の人を苦しめることでも。

「幸せよ」。自分自身に言い聞かすように力強く言うと、Tは言葉を続けた。「でも、すごいと思わない？　ちょっと考えたらわかることなのに。中国茶の仕入れに香港って、おかしいでしょ？　普通なら、台湾だよね。しかも、毎月だよ。彼の奥さんって、何を考えてるんだろ。執着だよね、彼に対して。早く別れればいいのに」。

「執着しているのは、あなたの方じゃないの？」との言葉は、甘い豆腐に包んで飲み込んだ。今の彼女にその言葉は、耳に届いても、心には届かない。いたずらに不快な気分にさせることも、私自身がなることもない。私は、心から言った。「Tが幸せで、よかった」。

この時を境に、私たちの友情は復活した。Tは、私が〝銀行〟のことを認めたと思っているようだが、それは誤解だ。私は、甲斐性のない男が大嫌いだし、Tのことも、奥さんのことも、利用しているようにしか見えない彼のことは苦手だった。認めたのではなく、幸せだと言ったTの気持ちを尊重したにすぎない。

たとえるなら、牛乳嫌いの私だけど、一緒に住む家族が牛乳を飲むのなら、あの細長い紙パックが冷蔵庫に居座ることを認めよう。その程度のことだ。私は積極的にも消極的にも、牛乳と関わることがないように、〝銀行〟とも関わる気がない。つまり、彼の言動に対して、私は感情を表明しない。けれどもそれは、彼の存在を認めたように映ったらしい。今まで散々、罵詈雑言を吐いてきたから、そう思うのも仕方のないことかもしれないけれど。

それから五年。ここ数年はYも一緒に会うようになり、〝銀行〟の話をすることもなくなっていた。私の中ではいつしか、ふたりは別れたことになっていた。だから、Tの口から、昨日、彼と会ったと聞き、思わず「まだ続いていたのか」と驚いた。

同時に、色々なことが思い出され、彼を快く思っていなかった私は、嫌悪感が怒りとなり、アスパラガスにあたってしまったのだ。理不尽にも力任せに突き刺されたアスパラガスは、フォークの中ほどでぶらぶらと揺れている。

「結婚しようって」。まるで他人事のように、Tが言った。

アスパラガスは、さらに大きく揺れた。しっかりとフォークが突き刺さっていなければ、どっかに飛んで行っていただろう。

「わぁ！　おめでとう！」。言葉の裏を読むという芸当ができないYは、無邪気に喜んでいる。言葉の裏を読み過ぎて、もはや、何が裏で、何が表かわからなくなった私は、走馬灯を見ていた。T

と〝銀行〟そしてその妻と私。一〇年以上の長きにわたって繰り広げられた様々な出来事が、一気に押し寄せてきた。あれ？　走馬灯って、死ぬ前に見るものじゃなかったっけ？　ぼんやり、そんなことを思っていた。

「一〇年以上でしょ？　大恋愛！　わぁ、ドラマみたい〜」。Yは、ひとりで盛り上がっている。え？　ひとり？　当事者のTは？　走馬灯は消え、私は彼女を見た。

「奥さんとは離婚したから、結婚しようって」。Tは、明らかに幸せそうではなかった。

「空しい……」。苦し気に吐き出された言葉が、形を伴って存在するかのようだった。私たちが囲む丸いテーブルの上に、洞窟がぽっかりと現れた。その空っぽの洞窟に、Tがこぼした「空しい」という言葉が反響している。私は、洞窟の奥深さに、愕然とする。

「どうして空しいの？　Tが望んできたことじゃない？　願いが叶ったんだよ！」。単純明快なYの声に、洞窟の幻影はかき消された。私は、アスパラガスが突き刺さったままのフォークを皿に置き、音をたてずに拍手をした。Tを祝福をしたわけでも、ましてや嫌味でもない。一〇年越しの願いが叶った友への、半ば礼儀として手を叩いただけだ。もしくは、人生の三分の一近くをかけ、願いを叶えた勇士への敬意。

「そう。ずっと、願ってきた。一〇年以上……。一四年かな、〝銀行〟と出会ってから。彼と一緒にいたくて、銀行を辞め、違約金を払い、ＣＰＡを取ってまでアメリカに残った。違約金は、親が払ってくれたけど……。香港に住み、友人たちと京都で民泊を始めることになった時、京都だけでなく石川でも古民家を買うように強く勧めたのは、〝銀行〟が始めたカフェが金沢にあったから」。「そうだったんだ」。Tと〝銀行〟のあらましだけは知っているYが、スクランブルエッグをクロワッサンに乗せながら、相槌を打つ。彼女の明るさに救われる。これが、Tと私だけなら、あの洞窟に飲み込まれていたに違いない。

「奥さんと別れてほしいって、ずっと思い続けていて。なんなら、病気にでもなって、死なないかな、そんなことまで願ってた。でも、その奥さんのお父さんが亡くなって、カフェの経営も成り立たなくなって、離婚して、させられたのかもしれないけど、奥さんが見限ったのかも。とにかく離婚して、金沢の家から出て、だから結婚しようって……。もう、ほんと、空しい」。

「そうか。それは、空しいよね〜」。コーヒーカップに手を伸ばしながら、適切なのか適当なのかわからない合いの手を、Yが入れる。

「ずっと願ってきたことだったけど、いざ目の前に、どうぞって差し出されたら、本当にこれが欲しかったのかなって？　一四年間、時間も、お金も、気持ちも、私は何のために注ぎ込んできたんだろうって。いったい、何をしていたんだろうって……」。Tの言葉に、Yはコーヒーを飲みながら、黙って頷いている。

「そうしたら、〝銀行〟が見せたの」。「何を？」Yが口を開くより先に、私の声が出た。Tは一呼吸置いてから、「写真、離婚届の写メ」と言った。どんな言葉でもシリアスに聞こえるはずのTの声が、珍しく軽かった。が、その理由はすぐにわかった。軽蔑していたのだ、〝銀行〟が取った行動を。そして、軽蔑するような行動をとった人間を、見下していた。だから、言葉に重みがなかったのだ。

「離婚したと言っても君は信じないだろうから、証拠の写真だよ。そう笑顔で言われて、写真を見せられて、これで喜ぶ私だと思われていたのかって……」。Tは、自分自身をも、見下していた。

肺の底にたまった、古い澱のような空気を全て出すように、深く長い溜息をつくと、Tは空を見上げた。といっても、お店の中だったけど。

「私、何してたんだろう……」。彼女の両の目尻から、涙がこぼれた。太目に引かれた黒いアイラインが滲み、涙も黒かった。けれども、美しかった。私は、こんなにも清らかな涙を、見たことがなかった。

幸せだというYの場合

「お坊さん、空しいねぇ」。私に話しかけたのではない。呼びかけることで自分に注目を集め、これから話すことを聞いて、とのYの意思表示だ。左手の薬指に鎮座するハリーウィンストンの四角くてキラキラする石を右手で触りながら、「綺麗でしょ?」と、そのまま左手を顔の横で添え、ダイヤモンドを私たちに見せつける。結婚した著名人が記者会見でする、お決まりのあのポーズだ。

Tは、放心状態で天井を見上げたままだから、実際に見たのは私だけだったけど。

「これ、三万ドル」と言うと、今度は目の覚めるような青色のケリーバックを、鞄カゴから持ち上げる。Tの目線が動く、見上げていた天井から落ちた空を見つけたように、空の青さより青いその鞄を見つめている。「これ、一万五千ドル」。そう言うと、ポンと鞄をカゴに戻す。「サンフランシスコの家に帰れば、こんな鞄、ゴロゴロあるわ」。高級住宅地のパシフィックハイツにあるYの家に行ったことがある私は、その言葉が決して誇張ではないことを知っている。

「お金があるの。お金があるのは、私じゃなくてケンの家族だけど。でも、持っている、信じられないくらい。貧しかった子どもの頃からは、想像もできないくらいのお金よ。欲しいものは、だいたい買える。食べたいものも、食べられる。我慢しなくていいの。それだけじゃないわ、家族もいる。大事な家族。両親とも離れ離れになって、祖父母の家で暮らした私にとって、夢みたい。ケンの家族は、私をとっても可愛がってくれる。私も、カリーナとアリスのことが大好き」。Yはケンの母と祖母の名を口にした。

麻雀好きの二人は、Yをとても大事にしている。ケンとの喧嘩で、あきらかに彼女の方に非があっても、二人は必ず彼女の肩を持つ。甘やかしているのではない。身寄りのいない外国へ嫁いできた、守るべき存在だと思っているのだ。私たちが味方にならないと、彼女は孤立してしまう。そう、Yにもケンにも言っている。そしてYは、その気持ちにあぐらをかかない。素直な彼女は、二人に感謝し、同時に、ケンも大事にする。そんな環境に育つ子どもたちが、悪くなるはずがない。結局のところ、丸め込まれているのはYの方なのだ。カリーナとアリスの掌で、ころころと楽しく転がされている。けれども、どちらが丸め込んだのかは、重要なことではない。人と人との関係は、勝ち負けではないからだ。

「私、ほんとうに幸せ」。しみじみと、Yは言う。「家族、お金、満たされてる。おまけに、健康だし。自分で自分に嫉妬しちゃうくらいだよ」。うん、わかる。私も、ちょっと嫉妬している、と心の中でつぶやく。

「昨日ね、アスカを保育園に迎えに行ったの。そしたらね、何て呼ばれたと思う?」そこで彼女は小さなグラスに手を伸ばし、水を一口飲んで言った。「アスカちゃんのママ、だよ」。小さなため息をつくと、言葉を続けた。

「保育園の帰りにアスカと一緒に歩いていると、カイが通う小学校の前を通りかかったの。顔見知りの先生に会ったら、今度はカイ君のお母さん。こんにちは、カイ君のお母さんって……」。「確かにアメリカじゃ、保護者でもファーストネームで呼ぶけどね。というか、日本の学校に子供を通わせるのは、今年が初めてでもないのに」。何を今さらと、ポテトサラダを口に運びながら、私は軽くあしらった。

「そうだよね。お坊さんの言う通りだよ。自分でも、ちょっと戸惑ってる。何だか、落とし穴に落ちた気分だよ」。「落とし穴?」、私は聞き返す。

「そう、落とし穴。たくさんあるんだよ、見えないだけでね。大きい穴、小さな穴、深いのも、浅いものも。普段、生活している時は気づかない。でも、ふとしたきっかけで落ちちゃう。落ちてから気づくんだ。あぁ、穴があったんだって。アスカちゃんのママ、カイ君のお母さん、そう呼ばれるのは日本では当たり前のこと。でも、何かのきっかけで、あれ?と思う。それって、当たり前のことなんだろうか?って。それが、穴ってこと。真っ暗で、どうしていいかわからない。だって、それは世間では当たり前のことでしょ? 疑問でも、何でもない。だから、世間には存在していない、私だけが見ることができて、私だけが落ちることができる穴。今、私は真っ暗な穴の中にいるんだよ。穴の底で、空しさに震えてる」。

そう言うと、胸の前で両手を交差して、右手で左の二の腕を、左手で右の二の腕を押さえ、小さく背を丸めた。相変わらず、芝居じみている。私は、クロワッサンに手を伸ばしながら、言った。

「それって、穴に落ちて真っ暗闇になったんじゃなくて、闇の中にいるってことに気づいたってことじゃないかな? 私たちって、見ているつもりだけど、実は見ていないことって多くない? Yは Yだけど、アスカのママとか、カイのお母さんって見られてる。私だって同じだよ。日本に帰ってから出会った人たちは、お坊さんだ、優しい人だって思っているかもしれない。でも、アメリカでウエイトレスをしていた時の同僚は、ビッチって思っているかもしれない」。「ビッチは言い過ぎだよ」と笑うYに、「残念だけど、本当のことだよ。チップ欲しさに、テーブルの取り合いをしていたんだから」と、言葉を続けた。

「百人の人がいたら百人の私がいるように、人は自分勝手に他人を見て判断している。そして、そうして見ていることに気づかず、自分が見ている姿がさも正しいように思い込んでいる。それが、闇ってこと。見ているつもりの、闇」。そう一気に言うと、私はクロワッサンをちぎって口に入れた。

「見ているつもりの闇かぁ。確かに、そうだね。ほら、お坊さんが日本に帰る前に、盛大なパーティーを開いたじゃない？　あの時、幹事を一緒にした彼女も、そうだよね。彼女に紹介されて、ハーフムーンベイの歯医者さんに今も通っているけど。あれ？　お坊さんに言ったっけ、あの二人が別れたって」。そう、彼女はお金持ちの歯科医と別れ、結局、一〇歳も若い、しかも難民として渡米してきたイラン人とよりを戻した。SNSのアカウントは、いつの間にか消えていた。

「この前、Yが京都に来た時に聞いたよ」と答える。「そうだったね。出会った時は、お金持ちの彼がいて、しかもSNSにこれ見よがしの写真をあげているから、ちょっとしんどいタイプだなって思ってた。でも、話したらすごく気さくで、それから時々ご飯に行くようになって、今も仲良くしてる。で、彼女から元カレの話を聞いて、結局、その人と一緒になるって聞いた時、彼女をすごく近くに感じたんだよね。付き合う相手が違うだけで、こうも本人の印象が変わるのかって、自分でも驚いた。結局、彼女に会っていても、見ていなかったんだよね。自分でこんな人だろうって、決めつけていた。闇だね。まぁ、今も、見ているかどうか、わからないけどね」。

「で、いったい、何が空しいの？」。放心状態から覚めたらしく、Tが声を出した。Yと私の視線はTの上で重なる。「そうそう、空しいって話！」。おおよそ、空しさを感じている人が出す声とは思えないような明るさで、Yが話を仕切り直した。

「何度も言うことじゃないけど、お金あります、私。家族にも恵まれてます。おまけに、健康です。でもね、空しいの！」。それじゃまるで宣言だよ。

「軽い空しさだねぇ」。まるで、空しさのプロですと言わんばかりに、Tが口を挟む。「世間の大多数の人たちが、人生の目標とすることを手にしたんだよ。人生の成功者じゃない。それで空しいって、嫌味かと思うわ」。Tを見ると眼が笑っている。本気で嫌味だと思っているわけではないようだ。「そうなの！　それが問題！　私の悩みは、世間ではわかってもらえない。私自身が聞いても、自慢だと思うもん」。自覚はあるんだと、私はプチトマトのヘタをつまみあげ、口へと運ぶ。

「もし今、私が死んだら、いい人生だったって周りの人は言うと思う。確かに、いい人生だと思うよ。趙家の太太《タイタイ》（妻という意味の中国語）で、カイとアスカのママ、良い妻、良い母、良い嫁、たぶんね。じゃあ、私は？　Yは、どこに行った？　妻や母や嫁に飲み込まれて、名前さえ呼んでもらえない。主体は別にあって、まるで私は付属品。この先の人生、ずっとこれが続くの？　そんなの、私の人生であって、私の人生じゃない」。

椅子の背もたれから身体を起すと、Tが口を開いた。「独身の私が言うのもどうかと思うけど、それは単に繋がりがあるってことじゃないの？　夫婦、親子、家族、そんな関係を表しているだけで、主体とか付属品ってことじゃないと思うけどな」。その言葉に頷きながら、私は「他の人のために自分の時間が消費されていくから、人生までもが飲み込まれたように感じるんじゃない？」、そう言うと、二つ目のプチトマトに手を伸ばした。

「ちょっと考えさせて」と短く言うと、Yは真っすぐに前を見た。視線の先にあるのは中庭で、石造りの小さなプールのような噴水がある。けれども、彼女の焦点は合っていない。彼女が見ているのは、彼女自身。牛が反芻するように、会話を思い出しながら、考えをまとめているのだろう。

そこで私は、食べることに集中した。子どものころから食べるのが遅く、半分近くが手つかずに残っている。Tも食欲が戻ってきたのか、すっかり冷たくなってしまったフレンチトーストに、ナイフを入れている。そうして私たちのお皿が、Yのお皿と同じくらい綺麗になった頃、彼女がおもむろに口を開いた。

「昨日、立て続けに、アスカちゃんのママ、カイ君のお母さんって呼ばれたことで、見えない穴に落ちたって思ってた。考えたら空しくなってきて、でも、あまりにも漠然としすぎて、空しさの正体がわからなかったんだけど。今日、Tの話を聞いてわかった気がする」。「何？」。Tと私の声が重なる。

「Tが感じている空しさは、過去への空しさ。何をしてたんだろうっていう、後悔」。そう言うと、Yは軽くTの方を見て、小さく「ゴメン」と呟いた。気にしていないと言うように、Tは右の手をひらひらさせた。そこで、Yは言葉を続ける。

「それに対して、私の空しさは未来に対して」。「未来？」。また、Tと私の声が重なった。

「そう、未来。私は過去に対しては、何の後悔もない。不満はあるけどね。経済的にも、精神的にも、不遇の時代だったから。それがあったから、努力した。このままじゃダメだ、幸せになれないと頑張った。そうして掴んだ今の生活だけど、じゃあ、これからどうするの？　私は自分の未来に何を目指すの？　Tの言葉じゃないけど、人生の成功者だよ。ある意味、既に人生のゴールみたいなところにいるのに、これからどうするの？　現状維持？　それとも、もっと金持ちになるため、もっと、こんな指輪や鞄を買ってもらえること？　そもそも、ケンの家族がビジネスで失敗して、貧乏になったらどうする？　まぁ、そうなったら、ビジネスを立て直すという新たな目標ができるから、いいかもね」。

自嘲気味に笑うと、「で、結局、私は何を目指しているの？　私の人生は、どこに向かっているの？　現状に不満はないどころか、満足している。未来に不安もない。まったくないと言えば嘘になるけど、経済的なことや家族のことに不安はない。でもね、たまらなく空しい」。そう一息に言ったYは、「伝わった？」と付け加えた。

Tと私は、「うん」と頷いた。彼女が言う「未来に対する空しさ」を、正確に理解できたかは疑問だったが、少なくとも、彼女が空しいということは伝わった。そしてその空しさは、経済的に満たされているとか、健康であるとか、世間で言われるところの価値観とは、質が違うということも伝わった。

空しさという穴

「未来に対する空しさかぁ。昨日〝銀行〟にプロポーズされて、過去の一四年間が一気に空しくなってしまったから、正直、未来を考える余裕はないけど。一生懸命だった過去は空しくなるし、おまけに未来まで空しくなったら、耐えられない……」。そう言うと、何かを振り払うかのように、Tは頭を大きく横に振り、そのままうなだれてしまった。

その横でYはコーヒーカップを手に、口を開く。「大袈裟かもしれないけど、このままでは死ねないって思ったんだ。人生の目的って言ったら、なんだか壮大な感じだけど、何のために生きるの？　もし、今、死んでしまったら大変だよ、私。お墓には何て刻まれる？　金持ちに見初められたラッキーガール？　冗談じゃない。それじゃ、ていのいい守銭奴《しゅせんど》だよ」。

「ははは！　Yは守銭奴じゃないよ、ケチじゃないし。というか、もはや、ガールでもないけどね」と、私は茶化す。「確かに、四十歳でガールはなかったね」とYも笑う。「でもね、じゃあ、何て刻まれたら、私は満足するんだろう？って、考えたの」。

その言葉は、私の心に刺さった。自分のお墓に言葉を刻むとしたら、私は何と刻むだろう。長《ちょう》谷山北《こくざんきた》ノ《の》院大行寺《いんだいぎょうじ》　第九世住職。いやいや、それじゃ役職名だ。

「ねぇ、空しさの穴に、大小や深い浅いがあるって何？　意味がよくわからない」。思い出したように顔を上げたTが、唐突に言った。それはまるで、空しさは私の方が熟知していて、私が認めないものは空しさではないと言っているように、私には聞こえた。私お得意の深読みかもしれない、けれどもT自身、一四年以上もかけて得た自分の空しさの方が、昨日今日、空しさに気づいたYのそれよりも本質だという変な自負があるのかもしれない。どちらにしても、空しさの正当性を判断するかのような言い方に、私の正義感が刺激された。

「言葉のままだと思うよ。二度と立ち上がれないような深刻な空しさから、ふと感じる空しさ。空しさでも、色々あるじゃない？」と私が言うと、Yも頷いている。「ふと感じる空しさ？　じゃあそれは、浅くて、小さい穴ってこと？」とTは言うと、返事を待たずに続けた。「軽い空しさだねと。

その言葉に、私は食ってかかった。「浅くて小さいからって、軽いとは限らないと思うよ。かなり前の話だけど、すっごく好きな人と、たまたま電車で一緒になって、二人掛けの席に並んで座る機会があったのね。特急だったから、三〇分くらいかな。一緒にいられると思うと、すごく嬉しかった。でも、時間は悲しいくらいに早く進む。笑顔で話しながら、心の中では、どんな理由でもいいから、電車が止まることを強く願ってた。そうしたらね、あと五分で着くっていう時に、本当に止まったの。電気系統のトラブルで。すっごく嬉しかった。そうしたら彼がね、困ったなぁ、早く動かないかなぁって、時計を見ながら言ったの。私も同じように困ったフリをしたけど、一気に空しくなった」。

　そこまで聞いて、Tが口を挟んだ。「それって、空しいんじゃなくて、悲しいとか、淋しいってことじゃないの？」。私は静かに、首を横に振る。

「確かに、悲しさ、淋しさ、そして空しさって、重なる部分はあるかもしれない。でも、あの時は間違いなく、空しさだった。だって、私は彼との時間の中にいたのに、彼は私といながら、未来の時間と、そこで過ごす人たちといたのよ。同じ時間、同じ場所にいながら、一緒じゃなかった。盛り上がった会話も、楽しかった時間も、すべてが空しくなった。キラキラ輝いていたと思ったら、一瞬にして灰になったみたいだった。これは、Yの穴でたとえるなら、浅くて小さいことだと思う。でも、軽くはない。空しさには、軽さや重さはないと思う。それって、水の入った風船に開いた穴みたいなものだと思う。見えないような小さな穴も、大きな穴も一緒。一度開いてしまったら、水が漏れだして、風船は空になる」。

「なるほどね。ところで英月ちゃんは、空しくないの？」。Tが私の目を見て、尋ねた。

「恵まれているって言えば、Yもそうだけど、英月ちゃんも恵まれてるよね。日本に帰って一〇年でしょ？　たった一〇年で、新聞で映画のコラムを連載して、本を何冊も出して。おまけに、情報番組のコメンテーターでテレビに出て、講演で日本中を飛び回る。すごいよね。日本に帰って、よかったんじゃない？　こんなに恵まれているから、空しくないか」。

　言葉に棘があると思うのは、私の考えすぎか。ある意味、〝銀行〟を毛嫌いしていた私が正しいかったような結果になり、Tは、それで私にあたっているのか？　と、深読みをしてしまう。

「お坊さんが出ていたバラエティー番組、アメリカで見たよ！　日本の番組も、見られるからね。でも、ほんと、日本に帰ってよかったと思うよ。家賃はここ一〇年で、びっくりするくらい高くなったからね。お坊さんが住んでいた、テンダーロインのstudio（日本でいうワンルームマンション）の家賃、一〇〇〇ドルじゃなかった？　今、三〇〇〇ドルくらいになってるよ」。

思わず、小さなため息が出てしまう。すっかり冷えて、残り少なくなったコーヒーを飲み干し、私は言った。「空しさを忘れていたけど、その言葉で一気に空しくなったよ」。言葉の毒を中和させるかのように、私は笑顔を作った。「アメリカ時代の友達でも、そう思うのかって思ったら、ちょっと悲しくなった。だって、私が日本に帰る判断をしたのは、負けが確定してる博打に全財産ぶっこむようなことだったじゃない？　そもそも勝負に勝とうとも思ってなかったし。それが、たまたま、こんなことになった。自分で言うのもヘンだけど、ありていに言うと成功しちゃった。正直、この状況には自分でも驚いてるけどね。そうしたら、みんなが口を揃えて、日本に帰ってよかったねって。あまりにも順調に見えるのか、出来の悪い弟をうちの両親が追い出したって言う人たちもいて、あれには怒りを通り越して笑ったけど。出来が悪い弟って失礼だし、そもそも、私の出来も大したことないし」。私は水を一口飲むと続けた。

「こんな状況になってなかったら、みんな言うんだろうね。義理人情だけで日本に帰って、バカだねぇって。周りは勝手に私のことを評価したり、しなかったり。他人に評価してもらうために、私はがんばってるんじゃないのにね」。そう一気に言った私をうかがうように見て、「お坊さん、怒った？」とYが尋ねる。リスのような黒目がちの瞳が、不安気に揺れている。今度は作り笑いではない笑顔を向け、首を横に振って答える。

「確かに、YやTも、他の人たちと同じように、今の私の状態を見て判断するんだ。私をわかってくれていなかったって、空しく感じたけど。その気持ちを伝えられる関係って、いいなって思った」。Yが首をかしげて私の目を見続けている。「自分の気持ちを正直に伝えられる関係って、なかなかないよ」。私は水を飲み干すと、「そろそろ行く？」と声をかけ、立ち上がった。

店を出ると堺町通りを南に下がる。私たちのいつものコースだ。少し歩くと四百年の歴史を持つ京の台所、錦市場がある錦小路通に出る。市場を東に進み、富小路通をすぎると、お目当てのお店、近喜商店が北側に見える。明治三十四年創業、昔ながらの佇まいに、ほっとする。私は一個一二〇円の麩まんじゅうを二個だけ買う。本当は生麩やお揚げさんも買いたいが、この後の予定を考えて諦める。私から笹に包まれた麩まんじゅうが入ったビニール袋を渡されたYは、「多謝《ドーツェ》」と広東語で礼を言うと、袋を開けてひとつ取り、残りをTに渡した。

「いつもありがとう。でも、本当に食べないの？」と、Tは私に念押しをする。彼女が素直に受け取らないのは毎度のことで、この後、「どうぞ」「いいの？」という会話が続くかと思うと、ちょっとうんざりする。「お坊さんは、食べないの。だって、ここはお坊さんの庭みたいな場所だから、誰に見られているかわからないでしょ？　毎回、同じこと、言わせない！」。笹を剥きながらYは言うと、中から出てきた麩まんじゅうを口に入れる。

「二人は旅行者だからいいけど、私は、京都では立ち食いはできないよ。ほんとは、食べたいけどね」。「アメリカに住んでいた時は、リンゴ齧りながら歩いてたのにね」と、Yが笑う。「ほんとだね。あんなこと、京都ではできないよ。誰に見られているか？　どう見られているか？　アメリカに住んでた時は、気にもしなかったのにね」と私も笑う。ふとTを見ると、口を動かしている。眼が合うと、「美味しいね」と言って、照れくさそうに笑った。

そうして歩き進むと、錦市場の東の端、新京極通に出た。目の前には錦天満宮。鳥居の両端がビルに突き刺さっていることで有名だが、私たちのお目当てはそれではない、水だ。ちゃっかりしているYはお参りもそこそこに、手水の裏側にある蛇口から持参した水筒に水を入れている。「ちゃんとお参りした？」と、からかうように言う私に、「したよ〜。お賽銭も、奮発した！」と笑って答える。その様子を見ていたTが、ふと思い出したように「お坊さんが、神社にお参りしてもいいの？」と聞く。

「もちろん！　TやYがお参りしているのに、私だけ無視するのも失礼だし。一緒にご挨拶くらいはさせていただくよ。手を合わせたら、心の中で『南無阿弥陀仏』って言っちゃってるけどね。そもそも、明治時代の初めに、政府の政策によって神仏分離が行われたけど、清水寺さんの境内には地主神社さんが、知恩院さんの中にも濡髪《ぬれがみ》さんとして親しまれている濡髪大明神さんの祠があるように、もともとは一緒だったからね。幕末の蛤御門の変で焼けちゃったけど、東本願寺さんには徳川家康をまつる日光東照宮の分社があって、一四代将軍・徳川家茂は京都を訪れて孝明天皇と会見したあとに、東本願寺さんにお参りしたらしいよ」。

「徳川家茂といえば、公武合体で孝明天皇の妹の和宮さんと結婚した人だよね？　幕末の京都で日光東照宮の分社がある東本願寺にお参りするって、将軍家の権威を誇示したかったんだろうね」と言う歴史好きのTの横で、京の名水として知られる錦の水を汲んだYは、満足気に水筒を鞄にしまっている。私たちの会話には、興味がないようだ。

「誇示したかったのかもね。本当のところは分からないけれどね。残された文献から色々考えるのは楽しいね。お経さんも、同じだけどね」。「え？　お経さんも？」と、Yが聞き返す。

「そうだよ。ほとんどのお経さんは、お釈迦さまの説法の記録だからね。お経さんをお勤めするってことは、二千五百年前のお釈迦さまの説法を、今、私たちが聞かせてもらうってこと。残されたお経さんを通して、お釈迦さまのお心を尋ねることは楽しいよ」。「じゃあ、何かない？」「え？」

「説法するってことは、悩んだり、苦しんだりしていた人がいたってことでしょ？」。勢い込んで聞くYに、ちょっと驚く。彼女が言っていた「未来に対する空しさ」は、意外と根が深いのかもしれない。

「私は未来に対して、そしてTは過去に対して、それぞれ空しさの対象は違うけど、それでも、違う人間が空しさを感じたということは、お釈迦さんの時代にも、同じように空しさを感じ、悩みを持った人がいたかもしれないじゃない？　だったら、それに対する説法だってあるでしょ？」

　錦天満宮を後にした私たちは、新京極を四条通に向かって歩いていた。「イノダコーヒを出たばかりだけど、どこかでお茶する？」。そうTが言ったのは、彼女も話の内容に興味があるらしい。頷いているYを見て、「じゃあ五分ほど歩くけど、いい？」。いつの頃からか、京都でのお店選びは私に一任されている。四条通まで出ずに古くからある漢方屋さんの手前で左に曲がり、花遊小路を進む。すると「すぐ済むから、ちょっと立ち寄らせて」と言って、Tがよーじやさんに入っていく。Yと私も続き、涼しい店内でほっと息をつく。お目当てらしい、チューブに入ったハンドクリームを数本手に取り、レジに並ぶTを横目に、Yが口を開く。

「結局、お坊さんの空しさって何？　私は未来、Tは過去、お坊さんは、自分をわかってもらえないってこと？」。天真爛漫という言葉がぴったりなYは、物事を深く考えていないように見えるのに、時々、的確な質問をする。

「そういえば、そうだね。でも、英月ちゃんは、充実してるでしょ。空しくないんじゃない？」と、買い物を終えたTも会話に加わる。「いや！　お坊さんも、空しいはず！」。私のことなのに、力強く答えているYを見ていると、茶化したり、誤魔化したりできないなと思う。もちろん誤魔化すつもりはないけれど、「空しくない？」というYの言葉で始まった今回の一連の会話を、いつもの軽いガールズトークだと思っていた私は、認識を改めた方がいいかもしれないと、心の中で自分自身に注意を促す。

Tは気づいていない私の空しさを見破り、お釈迦さまの説法はないか、とまで聞いたYが発した「空しくない？」という言葉。そう聞かずにいられなかったのは、彼女の言葉を借りれば、空しさの穴に落ち、どうしていいかわからないという、その思いの深刻さのあらわれかもしれない。真摯に向き合わなければと、身の引き締まる思いがする。

花遊小路を四条通に抜けた私たちは、東向きに歩く。河原町の交差点で南に渡り、そしてさらに東へ。高瀬川の手前、西木屋町通で右に曲がって五〇メートルほど進むと、右手に漆喰の白い壁、窓にはステンドグラスの建物が見える。私が高校生の頃から通っている、フランソワ喫茶室だ。

ドアを押すと、目の前に広がる空間には、私個人の思い出だけでなく、昭和九年（一九三四）の開店当時から、この場に集った多くの人たちの会話や思想が、しみ込んでいる。使い込まれた上質ななめし皮は、ちょっとやそっとでは傷がつかないように、熟成された空間では、どんな話をしても、きっと場所が受け止めてくれる。

お坊さんという私の場合

落ち着いた深い赤色のビロードが貼られた椅子に座ると、Tはクリームソーダーを、Yは紅茶、そして私はここに来れば飲みたくなるウィンナー・コーヒーを頼んだ。子どものころ、母がよく飲んでいたのを覚えている。小さなスプーンでクリームだけをすくって、食べさせてくれたことを懐かしく思い出す。大人になったら飲める、憧れの飲み物として、記憶に刻まれているのかもしれない。そんなことを思いながら、出てきたカップを静かに持ち上げる。

「先ずは、お坊さんの空しさを教えて」。ティーカップには手を伸ばさず、Yが真正面から私の目を見つめて聞いてくる。彼女らしくない真剣な様子に、「どうしたの?」と、Yの横顔をまじまじと見ながらTが尋ねる。「絶対、お坊さんも空しいって! 私だけが、空しさの穴に落ちたままじゃイヤだもん」。「穴じゃなくって闇だって、英月ちゃん言ってなかった?」「どっちでも、いいよ。というか、どうしてクリームソーダーなんか頼んだの? 後でランチが美味しく食べられないじゃない」と言って、いたずらっぽく笑うと、正面に向き直り、「ね、話して」と、私を促す。

話しても誰も幸せにならないことを、口にはしたくない。一度口から出した言葉は、消すことができないし、なかったことにもできない。だから、話したくはない。けれどもYは、悔しいほどに私の性格をわかっている。毛穴から正義感があふれ出ているらしい私は、相手が腹を割って話せば、同じようにするということを、彼女はちゃんと見抜いている。

「私の空しさを聞いたら、不快になるよ。私を軽蔑するだろうし、それだけじゃなく、二人を傷つけてしまうかもしれない」。それを聞いて「大袈裟な」と、柄の長いスプーンでアイスクリームをすくいながら、Tが笑う。「いいよ。私は知らないでいるより、知って傷つく方がいい。だって、お坊さんは、その空しさを抱えていることに変わりはないんでしょ? 私が知っても知らなくても、抱えている事実は変わらないなら、知っておきたいよ」というYの言葉を聞いて、私はカップをソーサーの上に戻すと、水を一口飲んだ。

「私がサンフランシスコから日本に帰ってきたのは、弟が、自分の代わりに後を継いでと私に頼んで、寺を出て行ったからだったでしょ。そんな理由だったから、日本に帰った瞬間から、私の立場は変わってしまった。つまり、お見合いが嫌でアメリカに家出をしたワガママ娘から、寺やご門徒さん、そして両親を捨てた弟に代わって、寺を継いでくれるありがたい後継者に。もちろん、扱いも変わった。実の娘の私よりも、お嫁ちゃんの方が可愛いと言い放って、弟やお嫁ちゃんを溺愛していた母が、私を溺愛するようになった。それは、弟夫婦が寺を出て行ったことで、ぽっかりと空いた穴を埋めるためだったのか、それとも、アメリカ生活の全てを捨てて日本に帰ってきた私に、申し訳ないという思いがあったのか、もしくは、恩義のようなものを感じていたのかは、わからない。けれども、めちゃくちゃ大事にされるようになった。

これは『お寺あるある』なんだけど、娘ではなく息子の方が蝶よ花よと大事にされるからね。例に漏れず、ずーっと弟が可愛がられていた。子どもの頃からたくましかった私と違い、弟は本当に可愛かったからね。それが今は、後を継いで住職となった私を、大事にしてくれる。大事にする本当の理由はわからないけどね。そもそも両親の愛情に、理由なんて必要ないのかもしれない。けれども、掌返しみたいに急に大事にされると、慣れてないからね、戸惑うよ。それだけじゃなく、空しくなる。あんなに可愛がっていた弟だけど、両親の意に沿わなくなったら、こうなるのかって。そして、私が両親に大事にされているのは、両親の意に沿っているからかってね」。そこまで一気に話すと、私はグラスに手を伸ばした。

「じゃあ、お坊さんの空しさって、ご両親の自分に対する扱いの変化？」と聞くYを見て、私は首を振る。「それが、違うの。両親の態度の変化に、空しさを感じたのは事実。結局、自分たちに都合のいい子が大事なんだってね。弟と天秤に乗せられて量られているようで、悲しいとか、淋しいとか、そんな湿っぽい感情じゃなく、カラッカラのドライな空虚感に押し潰されそうになったよ。もっとハッキリ言うと、信じられないなぁとも思った。親の愛情が、子どもの行動によって、こんなに変化するのかってね。でも、それが空しさの正体じゃないの。それは単なる、きっかけだったの」。

「きっかけ？」Yが首を傾げる。Tはアイスクリームがなくなったグラスから、ストローで緑色のサイダーを吸い上げている。「そう、きっかけ。他でもない、私自身がそうだったの」。切れ長なTの目の中で黒目が動き、私を見つめる。英語で「聞いて！」と言うとき、"Look!"と言ったなぁと、ぼんやりと思う。

「私と弟が仲良かったのは知ってるよね？」。二人が頷く。「弟さんが結婚した時、お祝いにロンジンのペアの腕時計をあげたの覚えてるよ。一緒に、ダウンタウンのお店に買いに行ったよね」と、Tが一〇年以上も前の話を持ち出す。「そう。お嫁ちゃんのことも大好きだった。大事な弟が、この人と一緒に生きていきたいって思った人だからね」。すっかり冷めてしまったウィンナー・コーヒーを飲むと、私は続けた。

「小学校の高学年の頃だったかな、第二次世界大戦中に行われた飛行機の特攻とか人間魚雷のことを本で読んで、衝撃を受けてね。もし今、同じ状況になったら、弟の代わりに私が行く！って思ったほど、弟のことが可愛かったし大好きだった。それが、だよ。弟が寺の跡継ぎを放棄したせいで、私が京都に帰ってくることになった。弟の〝せい〟とは思いたくなかったから、〝おかげ〟だと必死に思い込もうとした。実際、そう言っていたけど、身は正直だよ。弟の〝せい〟で人生を変えられたっていう思いが怒りとなって、みぞおちの下のあたりにドーンと居座ってるんだよね。何かの拍子に、それが爆発すると、弟に対する恨みつらみ、怒りが憎悪にまでなってしまう。こうして話していると、色々と思い出されて、またこの辺がむかむかしてくる。時が解決してくれるっていうけど、あれ嘘だね。時間が経っても、辛かった記憶はずっと残ってる。何なら、澱となって、濃度が増すからね」。そう言って私は、みぞおちの下あたりを撫でていた手を、カップに伸ばした。

「私、子どもの頃、祖父母の家で暮らしてたでしょ。麻雀をしていて、いい手が回ってくると、決まって祖父がする昔話があってね」。Yが、懐かし気に口を開く。「祖父には兄がいたのね。男振りがよく、頭もよくってね。そのお兄ちゃんが戦争に行って、パプアニューギニアで死んだの。祖父も戦争に行ったんだけど、フィリピンから生きて帰って来れた。すると祖父の両親が言ったらしいの。お兄ちゃんに、生きていてほしかったって。なんで、悪ガキの方が帰ってくるんや、って。そう親に言われ続けたけど、男前でも、賢くても、死んだらしまいや。生き残ったもんが勝ちや！　ワシは、ツイとる！　そう言って、ガハハと笑ってた。あれ、心の中で、泣いてたんだと思う。両親に、愛してほしかったんだろうな。お坊さんの話を聞いて、そんな昔のことを思い出したよ」。そう言うと、悲し気に笑った。

「そうかもね。ご両親の中では、死んだお兄さんは生き続け、生きているYのおじいさんは死んでいた。少なくとも、おじいさんは、そう思っていたのかもね。私は弟のことは、あんまり話したくないんだよね。確かに、自分でもどうすることもできない、まるで爆弾みたいな感情が、ドーンって残っているのは事実だけど。それでもね、私は今でも仲が良いと思ってる。仲良しっていうのは、毎日LINEしたり、毎週ごはんに行くことじゃないと思うのね。私たちも、そうじゃない？　普段は連絡も取らないけれど、誰かが日本に来る時や、私がサンフランや香港に行く時に連絡する。会ったら、まるで昨日も会っていたみたいに話せる。弟とは、まったく会ってないし、連絡もないけど、お互いの生き方を尊重し、邪魔をしない。それって、仲良しなんだと思う。それでなくても、弟とはずーっと仲が良くって、いい時間を過ごせたから、十分だと思ってる」。

「じゃあ、何が空しいの？」。Tが私の目を見て尋ねる。

「そう。弟のことは話したくないけど、話さないと伝わらない。でも、伝えようと思うと、どうしても悪口みたいになってしまう。悪口を言うのも嫌だし、言ってる自分はもっと嫌。だから、言いよどんでしまうんだよね……」。「お坊さんは、いい人でいたいんだ」。からかうように、Yが口を挟む。「そりゃ、そうだよ。相手が、YやTであっても、いい人って思われたいもん。それに、実の弟の悪口を言うなんて、すっごく器が小さい人みたいで、嫌なの！」。私も笑って答える。「ユー、言っちゃいなよ」。アメリカに住む日系の人のような言い方で、Yが催促する。三人を包む空気が少し軽くなり、喋ってもいいかなという気持ちになる。「じゃあ、カツ丼はまだ出て来てないけど、言っちゃうよ〜」。少しおどけて、私が言う。こんなこと、おどけてでないと、とてもじゃないが話せない。

「弟が継ぎたくないと思ったのは、仕方のないことだと思ってる。重要文化財があっても、観光寺院じゃないしね。ご門徒さんも少ないから、住職が他の仕事をして、お寺にお金をつぎ込まないと維持できないから。だから、継ぎたくないという気持ちは、理解できる。私にとっては、はなはだ迷惑な話だったけどね。ただ、そのやり方があまりにも酷かった。両親やご門徒さんに、後ろ足で砂をかけるようなやり方だった。寺を出た後は、もっと酷かった。私が日本に帰ってから半年後に母方の祖父が亡くなって、そのお葬式で再会したんだけど、文化大革命の紅衛兵かと思ったよ。まぁ、紅衛兵を実際に見たことも、そもそも中国で文革が起こった時は、まだ生まれてないけどね。でも、本で読んだり、映像で見たりしたことはあったから。ほら、毛沢東の言葉が収められた、小さな赤い手帳を振りかざして、自分の親たちを厳しく糾弾した紅衛兵って、見たことない？　あれと、弟が重なったの。ほんと、怖かった。まるで洗脳されたかのようで、目の色を変えて、激しく両親を罵倒した。その横で、お嫁ちゃんはニコニコ笑っていて、背筋がゾッとした。優越感に浸るかのように笑っている彼女の姿と、弟の変貌ぶりに。いったい何が、彼をこんな狂気じみたことに駆り立てたのかって。江戸時代だったら、狐憑きだと信じて疑わなかったと思うよ。ほんと、怖かった。優しかった弟が紅衛兵みたいになった姿を見て、人ってどうなるかわからないんだって思うと、たまらなく怖かった。

だって、私だって、どうなるかわからない。アメリカで色々な国の、色々な人を見てきたからね。語学学校で働いていたから、日本人だけでも、ほんと、色々な生徒がいた。麻薬に溺れて廃人のようになった生徒もいたし、売春で捕まった生徒もいた。留学生としてアメリカに来たのに、たまたま出会った友達や彼氏の影響で、堕ちていく。環境の変化や、誰といつ出会うか、そんなことに影響されて、自分でも思いもしないようなことをしてしまう。この私は、何をしでかすかわからない存在なんだって、改めて、弟に見せつけられた思いがしたよ」。私が働いていた語学学校の生徒だったYは、思い当たる人がいるのか、しんみりと頷いている。

「お葬式で再会した時、弟とお嫁ちゃんとは悲しいことに、会話が成り立たなかったんだよね。同じ日本語を話しているのに、聞く耳を持たないというか……。相手からすれば、こちらがそうだと受け止めたのかもしれないけどね。あんなに仲が良かったのに、その存在が急に遠くになった。ハッキリ言えば、罵倒するなら、こっちがしたいよ。寺を継ぐことを餌にして、自分たちの思い通りになるようにと、両親に無理難題を押し付け続けた。それに関わった、寺に入っている業者さんが驚いたほどだったもん。だから弟夫婦が寺を出て、私が日本に帰ってきた時、あんなに可愛がってもらっていたのに酷いって、男泣きに泣いた業者さんもおられたし、やりたい放題にやって出て行くなんて酷すぎると、両親以上に憤っておられた業者さんは一人や二人じゃなかった。まぁ、私だって、お見合いが嫌でアメリカに家出したんだからね、やりたい放題やったと言えば、そうなんだけど。そんな自分のことは棚に上げ、言っちゃうよ！　寺を出て行った弟夫婦に、契約不履行だ！って。アンタ、継ぐんじゃなかったの？　だから、アンナことも、コンナことも、親にやらせたのに！ってね」。

「確かに、悪口だ〜」。Yがからかうが、その言葉に救われる。そうして冗談に変えてもらわないと、本当の悪口になってしまう。私は、彼女の言葉に乗っかる。「久々に、毒吐いたよ。もっと、言っちゃおうかな」。

「言っちゃえ〜　でもその前に、ご両親のことはきっかけにすぎなくて、お坊さん自身がそうだったって、どういうこと？」。聞いていないようで、Yは言葉の隅々までキッチリ聞いている。

「そうだね。そっちの話が先だね。子どもの行動によって、親の愛情が変化するのを目の当たりにして、親の愛情を信じられなくなった。そして、空しくなった。でも、それはきっかけにすぎず、私自身がそうだったって、話。実はね、私、弟を殺そうとしたんだ」。私は努めて、サラッと言った。「スーパーに大根を買いに行った」と、同じ調子で。だから二人とも、最初は気づかなかった、言葉が持つ、棘に。

「もちろん、実際にじゃないよ。でも、こんなにも両親を苦しめ、私の人生までも壊した弟は、死んじゃえばいいのにって思った。実の弟を殺すことができた織田信長を、羨ましいとさえ思った。二一世紀じゃ、同じことはできないと、悔しかった」。私が口にした言葉の棘が、ようやく刺さったのか、二人とも鳩が豆鉄砲を食ったような顔をしている。

「私と私の両親に災いをもたらす弟は、この世から、その存在がなくなればいい。そう願ったの。弟の代わりに特攻に行くとまで思った私が、そんなことを願った。弟のためなら喜んで死ねると思った私が、弟の死を望んだ。同じ弟なのに……。でもね、同じ弟じゃなかったの。前者は、時々ケンカはするけど、私を慕ってくれていた可愛い弟。それに対して後者は、私を陥れた憎むべき弟。つまり、弟の行動によって、私の弟への愛情が変化していたの。そう、私は親と一緒だった」。言葉を発することも、身じろぎさえもできなくなった二人を前に、言葉を続けた。

「仲が良い家族だと思っていた。実際、仲は良かった。まさか自分の家族が、こんなことになるとは思っていなかった。けれどもそれ以上にショックだったのは、子どもの行動によって親の愛情が変わること。そして他でもない私自身が、相手の行動によって、簡単に、愛情が憎悪に変えられたこと」。Tが、静かに頷いている。

「まさか身内で、こんなことになるなんてねぇ」。ため息と共に、私は言葉を吐き出した。

「それが、お坊さんの空しさの正体?」。一呼吸置いてから、Yが聞く。

「そう。身内でさえ、簡単に関係が壊れてしまうのだから、恋愛関係のパートナー、友人、言うに及ばずだなって思うとね、空しいね」。

「わかるわ……」。〝銀行〟のことを思い出したのか、しみじみとTが同意する。それとは反対に、納得しないという表情でYが口を開く。「それって当たり前のことじゃない？　お坊さんが弟さんのことを殺したいって思ったこと。殺すはやりすぎかもしれないけれど、怒るのは当然だし、それによって関係が壊れるって、当たり前のことだと思う。そのことにギルティ（guilty 罪の意識に苦しむ）を感じる必要はないよ。私は、どうしてそれが空しいのか分からない。だって、当然のことだから。まあ、空しさは人それぞれだから、決めつけることでもないけどね」。そう言って、ティーカップに手を伸ばした。

「私が感じた空しさの正体はね、親とか、弟に対してじゃないの。自分自身に対して。あっけないほど簡単に、弟への愛情が憎悪に変えられて、そんな自分自身を信じられなくなったの。こいつ、信用ならんな、って。命がけで守るとあんなに強く思っていたのに、自分にとって都合の悪い存在になったら、殺そうとまで思う。こいつ、簡単に人を裏切るな、って。そんな自分自身が恐ろしくなった。これが他人なら、付き合い方を考えようと思うけど、悲しいかな自分だからねぇ、どうにもならない。家族を大事にするとか、義理堅いとか、言ったことは必ずやるとか、アテにしていた部分はあったけど、こいつ、アテにならんな、って気づかされた。こいつっていうのは、他でもない私のことなんだけど。自分で自分を見限った。失望した。でも、離れられない。この、いつ裏切るかわからない、アテにならない存在が、自分だということがねぇ、たまらなく空しい。まさに、空虚だよ。からっぽ。この身体の中は、からっぽなの。いや、違う。からっぽだったらいいけど、恨みつらみ、妬み、怒り、そんな感情だけは、しっかり鎮座している」。そこで私は小さくため息をつくと、話を続けた。

「空しさの正体はね、真実がないってこと。この私自身を、私自身が頼ることも、信じることもできない。じゃあ、何を頼りに、何を信じて、生きていけばいいの？」。どう言葉を挟んでいいのかわからずに、二人は口をつぐんだままだ。

「ゴメンね。不快になるよね、こんなことを聞いたら。だって暗に私は、二人を裏切るかもしれないって、言ってるんだもんね。それだけじゃなく、仲が良いのは、私にとって都合のいい存在だから、とも聞こえるしね」。黙ったまま、二人は首を横に振っている。

いったい何が真実？

私は二人から、目線をゆっくりと上へと動かした。白い壁には、伊谷賢蔵がこの店のために描いたといわれる、パリのセーヌ河畔の絵がかかっている。その絵をぼんやりと眺めながら、言葉がこぼれた。「よろずのこと、みなもって、そらごとたわごと、まことあることなきに、かぁ」。

Yが小首を傾げ、表情だけで「何？」と尋ねる。

「親鸞さんの言葉。すべてのことは、みんな空言《そらごと》、戯言《たわごと》。つまり、嘘や偽りの言葉、中身のない言葉ばかりで、真実の言葉はないって意味だけど、ほんとだなぁ、って思ったの」。

「確かに。あなたのことが好きだと言っても、裏切られたら嫌いになるように、嘘をついたつもりじゃなくても、状況によってコロコロ変わるっていうのは、真実じゃないものね。そもそも、好きだと言った言葉も、空言、戯言だったのかも……」。そう自嘲気味に言うTを見て、Yが口を開く。

「親鸞さんって、鎌倉時代の人だっけ？　浄土真宗を開いたって、学校で習ったよ。で、その人が言ってることは、真実だと思うよ。突き詰めて考えたら、私たちの生活に真実ってある？　言葉も行動も、何もかも、真実なんかないよ。だから、空しいんだよ。でもさぁ、そんなことを突き付けられて、どうしろっていうの？　あなた、溺れてますよって教えてくれるだけじゃなく、助けてほしいよ。こっちは、空しさの海で溺れているのに」。

「ゴメン、ゴメン。この言葉には、続きがあるの。最後まで言わなかった私が悪かった」。

「続き？」Yが聞き返す。

「そう、続き。『よろずのこと、みなもって、そらごとたわごと、まことあることなきに、ただ念仏のみぞまことにておわします』って。この世には真実はないけれど、ただ一つ、お念仏だけが真実です、って」。

「念仏って、南無阿弥陀仏っていう、あれ？」。そう言ったYは、私が頷くのを見て、言葉を続けた。

「お坊さんが言っていた空しさの正体は、自分には真実がないってことだったよね？　だから、自分自身を頼ることも、信じることもできなくて、何を頼りにして、何を信じて、生きていけばいいのか？って言ってたけど。念仏だけが真実だって親鸞さんが言うのなら、念仏だけが頼ることができて、信じることができるものってことになるよね？　じゃあ、お坊さんだけじゃなく、Tも、そして私も抱えている、この空しさから救ってくれるのは、念仏だけってこと？　というか、何なの、念仏って」。

「なんて、いい質問！　こういうことを聞いてもらえるって、坊主冥利に尽きるねぇ」。思わず声のトーンが明るくなってしまう。

「もぉ！　お坊さんが、喜んでくれるのは嬉しいけど、早く答えて」と、Yが促す。隣でTも、「今まで考えたこともなかったけど、改めて考えると、わからない言葉だね」と、首をかしげている。

「お念仏っていうのは、仏を念じるってこと。仏とは仮に、真実だと定義しておくね。つまり、お念仏とは真実を念じること」。「言語明瞭、意味不明だよ。そういえば昔、そんな国会答弁ばかりしていた首相がいたよね」。幼少期に祖父母と暮らしていたYは、年齢にそぐわないことを時々言う。「竹下登でしょ？」とTが答えると、Yは「竹下さんの家には麻雀ルームがあったんだよ」と、ドヤ顔。「知らんけど」と言葉を続け、「あ〜。ほんま、空言、戯言ばっかりやぁ」と笑ってから、「真実を念じるって、意味がわからんわぁ」と、ぼやく。

「Yがいうように、確かにわかりにくい。でも、今の会話が、まさにそうだったよ！」。二人は、ますますわけがわからないという顔をしている。

「真実って何？　そう、真実と向き合った時、ハッキリするのは、私たちには空言、戯言しかないってこと。でも、気づかされるまでは、その空言、戯言を、真実だと思ってなかった？」。

「チクチク痛いわぁ。まるで私のことを、言われている気がする」と、Tが唇を尖らせる。「考えすぎ」と言ったあとで、「でも、言われてみれば、そうだねぇ」と、Yが笑う。

「ねぇ、先日、こんなことがあったんだけど、お坊さんが言ってることって、こういうこと？」と、Yが話を続ける。「地元の友達と大阪でごはんを食べて、その後、ブランド品の偽物を売ってるお店に行ったのね」。「香港にはそういうお店が多いけど、大阪にもあるんだ」と、Tが変なところで感心している。「そう、私も初めて連れて行ってもらったんだけどね。で、せっかくだし、お遊びで何か買おうかなって、思ったの。そうしたら、お店の人が何て言ったと思う？　アンタはアカンって言うの」。「なんで？」と、Tと私の声が重なる。自分の話に興味を持った二人の顔を満足気に見ると、Yはゆっくりと口を開いた。

「アンタの鞄、それ本物やろ？　本物を持ってたら、偽物ってわかるからアカン！って言われたの」と、店主の声色を真似て話す。「偽物の鞄しか知らなかったら、偽物って分からない。でも本物の鞄を持っていると、偽物だってすぐにわかる。真実によって、空言、戯言だって気づかされるって、こういうことじゃない？　違う？」。

「それ、すごくわかる！」。私が口を開く前に、Tが身を乗り出して話し始めている。「去年、香港の友人たちと、北海道に遊びに行ったの。泊まったホテルの朝食に、小さな焼き魚が出てきてね。何だろ？と思ったら、それ、シシャモだったの。私が知ってるシシャモは、もっと大きくて、太っちょなんだけど、あれって、本物のシシャモじゃないんだってね。私がシシャモだと思っていたのは、カペリンとかいう違う魚だったの」。「私もケンと北海道に行った時、初めて本物のシシャモを食べて、びっくりしたことある！　お坊さん、食べたことある？」。

「あるよ、私も北海道で初めて食べて、びっくりした。シシャモって気づかなかったもん。本物を知って初めて、本物だと思っていたものが本物じゃないって知らされる。話を戻すと、仏という真実を念じることで、真実に出遇い、それによって真実たりえない自分を知らされる。真実たりえない自分っていうのは、誰かを大事に思ったり、憎悪したり、自分の都合によってコロコロ変わる、アテに出来ない、信用できない自分。そして私たちが手を合わせ、何かを念じる時っていうのは、結局のところ、自分の都合を叶えてくれって時。病気やケガを治してくれ、希望の学校に行かせてくれ、縁結びに、縁切り……。その時々の都合を願っているんだけど、結局、その都合に振り回されている。そして、腹を立てたり、苦しんだり、時に喜んだり。仏を念じることが頼りになるっていうのは、そういった自分の都合に振り回されているってことに気づかされるから。都合に振り回されるのがダメじゃなくて、振り回されていることに気づいていないことがダメなの。ダメというより、それって、痛ましいというか、悲しいじゃない？」。

「悲しいっていうより、空しいよ」。間髪を入れずに、Yが言う。「そう。アテにならないことをアテにして、拠り所にしている空しい私たちに、真実の拠り所がありますよって気づかせてくれる。だから、お念仏っていうのは、私が称えているって思うかもしれないけど、実は、仏さまからの喚びかけなんだよね」。そう言うと、私はグラスの水を一口飲んだ。

「喚びかけかぁ。そう言われれば、そういう気もするけどね。正直、ハッキリとはわからない。でも、自分が自分を裏切るっていうのはわかるし、そんな自分を頼りにできないっていうのもわかる。パートナー、家族、頼りにしたいけれど、これも頼りにならない。私たちって、自分でも気づかないうちに、色々なことを頼りにしているからね。病気になって初めて、健康を頼りにしていたって気づかされる。今は、若さを頼っていたんだって、しみじみ感じるよ。私たちってさぁ、頼りになるもの、アテにできるものを探し続けて、そして死んで行くのかなぁ」と、Tがため息と共に言う。

「アテを探して三千里だね。最後は、パトラッシュと一緒に死ぬんだ。可哀想に」と、Yが茶々を入れる。「それを言うなら、アテをたずねて三千里。ちなみに、『母をたずねて三千里』の主人公はマルコで、パトラッシュと一緒に死んだ少年は『フランダースの犬』のネロ」と、Tが几帳面に訂正をする。「あ〜、イヤだ。ひょっとして私たちって、記憶さえ頼りにしてる？」と、Yが情けない声を出す。

「記憶を頼りにしているんじゃなくて、記憶をしたことを、頼りにしちゃうんだろうね。こんなことが出来た、あんなことも出来たって、したことを頼りにしちゃう」。そう言った私の言葉を受けて、「底なしだね。ありとあらゆるものを頼ってしまう私たちって。しかも、頼りにしているものは真実じゃないっていうんだから……。ほんと、空しい」。そう言うとYはティーカップに手を伸ばす。私も、すっかり冷めてしまったウィンナー・コーヒーを口に運ぶ。味わうためではなく、残すことが心苦しいという理由で。

「面白いのはね」と、カップをソーサーに戻すと、私は続けた。「親鸞さんは、キッチリ使い分けをしているの。仏さまを『たのむ』というときは、『憑む』って書くの」。私は、空中に指で文字を書いた。「右上に『馬』って文字があるの。馬に乗る時って、自分の全てをおまかせするじゃない？　だからこの漢字には、拠り所とするって意味があるの。私たちが普段使っている『頼』は、お金を表す『貝』の字があるでしょ？　これは、アテにするっていう意味。つまり、ソロバンを弾いて、自分の都合に合えばアテにするし、合わなければしない。そんな、その時々の自分の都合で、真実ではないものを頼っている私たちに、本当に憑むべきは、真実の拠り所である仏さまのはたらきですよ、ってね」。

「漢字の使い分けかぁ。親鸞さんって、神経質な人だったのかな？」と、Yが冗談ともとれない表情で言う。「神経質というより、間違いがないように、誤解を与えないようにって、慎重になったんだと思うよ」。自他共に神経質だと認めるTが、八百年も昔の僧侶の肩を持つ。「だから、『馬』が入った方の憑むっていう言葉は、私たちが思っている以上に、すごく重い意味があると思う。何だっけ？　よろずが何とかって言ってたよね」と、Tが私を見る。

「『よろずのこと、みなもって、そらごとたわごと、まことあることなきに、ただ念仏のみぞまことにておわします』のこと？」と言うと、大きく頷いて続ける。「真実がないこの世の中で、念仏だけが真実だ。そして、それこそが頼むものではなく、憑むべきものだっていうのは、自分が選んで頼むのではなく、この私のために既に用意されていた、憑むことができるものに出遇った人の言葉だと思うの。そうでないと、漢字の使い分けの説明ができない」。几帳面ということで親近感を覚えたのか、Tがプロファイリングまで始めた。

「面白いね！　鎌倉時代の人のことを、その人が使った漢字を手掛かりに、その人の思考にまで迫っていくって。お経さんと同じだね。お経さんをお勧めすることは二千五百年前のお釈迦さまの説法を聞かせてもらうことだって、お坊さんが言ってたもんね」と、嬉しそうに話すYを見て、空しさに対する説法はないかと彼女が聞いていたことを思い出す。ちゃんと答えなければと、口を開こうとすると、Tが話しかけてきた。

「英月ちゃん、どう思う？　私の推察」と、尋ねてはいるが、彼女が他人に意見を求めてくる時は、自分の考えに自信がある時だけだ。

「お見事！　ドキッとしたよ。『この私のために既に用意されていた、憑むことができるものに出遇った人の言葉』って、聞いた時。だって親鸞さん、同じこと言ってるからね」。それを聞いて、Tの鼻の穴が少し広がる。「親鸞さんのお弟子さんの唯円《ゆいえん》って人が書いたとされる、親鸞語録集みたいな本があって、『歎異抄《たんにしょう》』っていうんだけど。『よろずのこと、みなもって、そらごとたわごと、まことあることなきに、ただ念仏のみぞまことにておわします』も、そこに書かれているの。その本の中で唯円さんは、親鸞さんがよく言っていた言葉として『弥陀の五劫思惟《ごこうしゆい》の願をよくよく案ずれば、ひとえに親鸞一人がためなりけり』って書いてるからね」。

「Tが言ったことと、その言葉が同じじって、どういうこと？」。Yが、首を傾げている。「『弥陀の五劫思惟の願』をちゃんと説明をすると長くなるから、ザクッと言っちゃうけど、阿弥陀さま、つまり仏さまが、五劫というめちゃくちゃ長い時間、考えてくださって、願ってくださったこと。それを仏教では本願っていうんだけど、それがまさに憑むことができることなの。その憑むことができる『弥陀の五劫思惟の願』をよくよく考えてみると、この自分一人のためだったんだなぁって。これってTが言った、『この私のために既に用意されていた、憑むことができるものに出遇った人の言葉』と、同じでしょ？」と言うと、「確かに！」とYが頷く。

「でもさぁ、この親鸞って人は、気づいてなかったんだね。自分のために既に用意されていた憑むことができるもの、それを本願っていうんだっけ？」というTの言葉に、頷いた私を見て、彼女は話を続ける。「その本願が、自分一人のためだったたって感動してるってことは、それまでは、気づいてなかったたってことでしょ？　憑むことができるものが、あったたってことに。というか、既に用意されているってことは、ここにもあるってことよね？　見えないけど」。

「あるよ。ここにあるって言うより、本願のはたらきの中に生まれてきたって言った方がいいかもしれない。見えないけどね。でも、それに気づけないのは、見えないからじゃない。見ようとしていないから。お念仏は仏さまからの喚びかけだって言ったけど、それも同じ。聞こえないのじゃなく、聞こうとしていないだけ。『親鸞一人がためなりけり』っていうのは、我が事として受け取ったってことだと思う」と私が言うのを受けて、Tが続ける。

「それって、聞く耳を持ったってことだよね。唐突だけど、安全運転ってよくいうよね。耳にするし、ポスターも作られているから目にもする。でも、安全運転って言葉を知っていても、特に何も変わらない。でもね、変わったんだよね、去年、実家の父が自損事故を起こしてから。山手の住宅街に住んでるから車がないと不便なんだけど、とうとう手放したよ、車。大きな事故を起こしてからじゃ遅いからって。みんなに呼びかけてる安全運転って言葉が、自分に呼びかけられている言葉に変わったんだと思う。父でいえば、安全運転って言葉は、自分のためなりけり、だね」。

「お父様大丈夫?」と聞く私に、「大丈夫、車庫入れに失敗して、ガレージの壁と松の木を壊したくらい。高価な木だったらしく、しばらく落ち込んでたけどね。安全運転って言葉は、聞き慣れ過ぎて、耳に残らないし、気にとめたこともなかったけど、今は身にしみる。というか、もう耳を素通りできない、耳に痛い言葉になったよ」と、自嘲気味に笑う。

「安全運転って、呼びかけられていても、みんなに言ってる言葉でしょ?とか、わかってるよって思っている時って、私のこととして言葉を受け止めていないからね。結局、言葉に託された、安全で、気をつけてっていう願いに気づけない。気づかなければ、ないのと一緒だからね」。

「じゃあ、憑むことができる本願っていうものも同じ?」。私の言葉を聞いて、Yが不安気に尋ねる。「既に用意されているのに、そのはたらきの中に生まれてきているのに、私は気づけていないから、ないのと一緒？　それってさぁ、なんか、目の前に人参をぶら下げられた馬の気持ちだよ。ここに人参ありますよ。これが欲しかったら、頑張りなさいって。憑むことができる、いいものがありますよ。それに気づくことができたら、わかりますよ。気づくためには……何？　お経さんが読めるようになるとか、修行するとか、お寺に寄附するとか？　もっと言えば、いい人になるとか？　あなたが気づけていないのは、バカだからですよ。努力してないからですよ。いい人じゃないからですよ、って言われているみたいで、感じ悪い」。話しながら、Yの中で不安が怒りへと変わっていく。

「感じ悪いかぁ、確かにね。でも、残念ながら人参じゃないんだよね。目標でも、ゴールでも、ご褒美でもない。私たちは、既に存在している、そのはたらきの中に生まれてきているだけ。なのに、そのはたらきに気づけないのは、努力が足りないからでも、いい人じゃないからでも、もちろんバカだからでもない」。そう、Yを見て言う私に、Tが話しかける。

「話の腰を折って悪いけど、さっきから言ってる、『はたらき』って何？　わかったような気がして聞いていたけど、イマイチはっきりわからない」。仕事以外では、多少、わからないことがあっても、わかったフリをして聞き流すことの多い彼女が質問をするとは珍しい。

「空しくない？」と言ったYの言葉を発端に始まった今回の会話が、Tにとって、他人事ではなく、自分に関わることに変わってきたのかもしれない。と、上から目線の言い方をしてしまったが、他でもない私自身がそうだ。軽いガールズトークだと思っていた会話に、Yの悩みの深さに気づかされ、ちゃんと向き合わなければと思った。その時はまだ、自分は答える側、Yの悩みを聞く側だった。それがいつしか、自分が抱える空しさに向き合わされ、Yと同じ側に立っている。

そのYも、「仏さまのはたらきとか、本願のはたらきって、お坊さん言ってたけど、確かに、わかるようでわからない言葉だね」と、首を傾げている。

「そう言われれば、そうだね。阿弥陀さまという仏さまや、その仏さまが私たちを救うために願ってくれた本願って、存在はありますよって言われても、見えないもんね。その見えないものの、はたらきって言われたら、さらにわからない。でもね、実はとってもシンプルなことなんだ」。テーブルの幅が狭く、ただでさえ近くに座っている二人を、さらに近くに感じるのは、二人の気持ちが前のめり気味になっているせいかもしれない。

「季節ってあるじゃない？　今は、夏だけど。じゃあ、夏って見える？」。私の言葉が唐突すぎたのか、二人ともキョトンとしている。「夏を取り出して、テーブルの上に置くことはできないよね。でも私たちは、今が夏だって知っている。どうして？」。「だって、夏は夏だから！」と、私の問いに、Yが答えにならない答えを言う。

「確かに、夏は夏だから、だね。夏は夏だから、暑いし、日差しも強いし、クーラー入れなきゃだし、でも、スイカは美味しい。これが秋になると、涼しくなって、カーディガンを羽織るようになって、スーパーには梨や葡萄が並ぶようになる。つまり、夏や秋といった季節は見えないけれど、その季節が持つはたらきを通して、私たちは見えない季節に出会っているの」。

「季節が持つはたらき？」と、Tが聞き返す。

「そう、はたらき。夏には、気温を上昇させる、日差しが強くなるとかのはたらきがあって、そのはたらきに出会った私たちは、暑いなぁ、クーラー入れなきゃ、ってなる。その気候によって育てられたスイカを食べて、夏だねぇと、夏を知る。涼しくなるという秋のはたらきを通して、涼しくなってきた、もう秋だねと、秋を知る。これと、同じこと。阿弥陀さまや本願は見えないけれど、そのはたらきと出遇って、阿弥陀さまや本願に出遇う」。

「なるほど。はたらきの意味はわかった。でもね、問題は、ここからだよ。お坊さんは、そのはたらきに気づけないのは、努力が足りないからでも、いい人じゃないからでも、もちろんバカだからでもないって言ったけど、どうしたら出遇えるの？」。

「お経さん三つ暗記したら、出遇えるよとか、お寺に百万円寄附したら、オッケーとか、怒らずに優しい人でいたら、そのうち気づけるよとか、言えたらいいんだけどね」と私が言うのを聞いて、

「もう！　ふざけないで。真剣に聞いているのに」と、Yがふくれっ面。

「ゴメン、ゴメン！　でもね、そういう条件は一切ないんだよね。何かを手に入れるためには、対価を支払わなきゃいけないのが私たちの常識だよね。でも、そうしちゃうと、対価を払える人と払えない人をつくってしまう。本願っていう阿弥陀さまが願ってくださったことは、生きとし生ける全てのものを救う、ってこと。生きとし生けるもの、なの。勉強のできる人でも、お金がある人で

も、善人でもないの」。

「ちょっと待って。善人でもないって、ちょっと言い過ぎじゃない？　悪人より、善人の方がいいと思うけど。それに、お経さんを読まない人より、暗記は無理でも、読んだ人の方が、阿弥陀さんからの心証もいいと思う」と、Tが食ってかかる。努力に努力を重ね、MBAとCPAを取った彼女からすれば、自分を否定されたように感じたのかもしれない。

「もっともだと思う。Tが言うことは、世間の常識、当たり前。でもね、何が善人で、何が悪人なんだろう？　知り合いのお坊さんから聞いた話だけど、そのお坊さんのお寺の門前を、いつもキレイに掃除をしてくれる、近所のおばあさんがいるらしいの。雨の日も風の日も、一日も休まず掃除を続け、一〇年くらい経ったのかな？　村の新聞で取り上げられた。そうして世間にも認められていくうちに、そのおばあさんが掃除をすることに、固執するようになっていったんだって。お歳もお歳だから、周りの人が心配してね、暑い夏の間だけでも、休めというけど聞かない。じゃあ、一緒にお掃除しますって、何人かが手伝いに行ったけど、これは私の仕事だから取るな、と怒る。今じゃ、お寺にお参りに来る人たちに、私が新聞に載ったお掃除おばあさんですって、自分で紹介しているらしい。それが生きがいになって、元気でいるならいいけれど、って知り合いのお坊さんは言ってたけどね。

　これね、おばあさんは最初、本当に善意で始めたんだと思う。けれども続けるうちに、ちょっとずつ、ボタンの掛け違いみたいなことになっていった。もちろん、やっている行為は悪いことではない。でも、自分がしていることに執着して、他の人に攻撃的になり、排除する。それって、どうかな？って、思う。少なくとも最初の善意は、もうないよね。これ、彼女がダメなのではなくって、大なり小なり、誰にでも起こることだと思う。これは私の邪推だけど、親鸞さんが二〇年間修行した比叡山を降りたのも、同じことだったと思う」。

「二〇年間続けたことをやめるって、よっぽどのことだよ。時間が長くなればなるほど、そこに価値を見いだすからね。もう話すのも嫌だけど、〝銀行〟との関係がそうだった。出会った頃は、純粋に恋していた。人生をかけて、愛していたといってもいいかもしれない。でも、いつの間にか、〝銀行〟に固執してたんだね。彼を思う時、必ず奥さんの影が付いてきた。自分では認めたくないけど、彼を愛しているという気持ちより、奥さんに勝ちたいという気持ちの方が強くなっていった。お掃除おばあさんじゃないけど、時間の経過と共に、ボタンの掛け違いになっていたんだよね。気づいていなかったといえば嘘になる。でも、気づきたくなかったし、認めたくなかった。だって私は奥さんよりも、彼を愛しているって思いたかった。そんな関係が一年、また一年と続くと、今度はその時間に執着を始める。私は五年間も、彼を愛しているってね。五年は六年になり、七年になり、一〇年を簡単に超えた。そうなると、ますます関係を見直せなくなる。ここで関係を終えたら、私の一〇年が無駄だったことになる。私の過去の時間だけでなく、私自身までもが、何をやっていたんだ？って……、空しくなる。それに耐えられず、関係を続けていたんだと思う。というか、そのことを、ちょっと認められるようになったかな。

で！　言いたかったのは、親鸞さんのこと。恋愛関係でさえ、これだもの。二〇年間も修行したことをやめるって、大変なことだよ。だって、修行っていうくらいだから、何かを目指していたんじゃないの、彼？　二〇年間やってもダメなら諦められるって思うのは、素人の考えだよ。あと一日、せめてあと一時間って、思うから。明日には、あと一時間あれば、その目指しているものに到達できるって思うから。だって、二〇年間も頑張ってきたんでしょ？　ゴールは目の前かもしれないもの。と、いうか、やめようと思うと、急にゴールが近づいてきて、囁くのよ。あと少しだから、頑張れ。ここまで頑張った、あなたなら出来るって」。

自分はまるで執着の達人のような口ぶりで、Tがまくしたてる。努力家の彼女は、二〇年間もの長きにわたって努力を重ねた八百年前の僧侶が、他人とは思えないらしい。

「ちょっと待って。その話、どっかで聞いたことがある。修行を途中でやめて、山を降りた人でしょ？　それって、比叡山が女人禁制だから、降りたんじゃなかったっけ？」。まるで芸能人のゴシップ話をするように、Yが口を挟む。

「それはないわ！　二〇年も何かに打ち込んできた人が、打ち込んできたこと以外の理由で断念するってことは先ず考えられない。修行ができない身体になるとか、心が折れるとか、修行関連で何かあったら話は別だけど。そういう人は、親が死んでも、途中でやめたりしない。ましてや、女性と関わりたいからって……。もしそうだとしたら、そもそも二〇年間も何かに打ち込んでないよ」

と、Tが自信満々にプロファイルする。

「面白い！　そういう見方をしたことがなかったから、とっても新鮮。Tが言ったことが正しいかどうかは、わからないけど、女性問題が理由ではなかったことは確かだと思う。『隠すは上人、せぬは仏』って言われていたらしいからね」。それを聞いてTは、そうでしょうと言わんばかりに、頷いている。その横でYは、首を傾げている。

「『沙石集』っていう鎌倉時代に書かれた本に載っている言葉で、お坊さんは隠して女性関係を持つけれど、本当にしないのは仏さまだけってこと。だから、当時、僧侶が女性関係を持つことは、認められてはいないけれども、公然の秘密だったのかもしれないね。少なくとも、そのために二〇年も続けてきた修行をやめるという動機にはならなかったと思う」。

「そうかぁ。そう言われれば、確かにそうだね。ところで、お坊さんが言いかけていたことって、何？」と、Yが尋ねる。

「親鸞さんが二〇年間修行した比叡山を降りた理由ね。それは、親鸞さんがお掃除おばあさんと一緒だって、気づいたんだと思うの」。「え？　掃除することに固執して、自慢していた、あのおばあさん？」と、Yが驚く。「そう、あのおばあさん。自分の中に、あのおばあさんを見たんだと思う。たとえば、修行を重ねて、先輩まで追い抜いちゃったとするよね？　すると、おれ、すごい！　って、思うと思うんだ。まぁ、親鸞さんは、そんな俗っぽいことを思わないかもしれないけど、少なくとも嬉しい感情は出てくると思う。でも反対に、後輩に追い抜かれたら、腹を立てるかもしれないし、自分ってダメだと卑下しちゃうかもしれない。修行のゴールを、覚りだとするね。覚りを目指すボードゲーム、〝さとり双六〟をイメージしてみて。スタートから進んで行くの。一生懸命、修行して、駒を進めていく。そこで、さっきみたいに、おれ、すごい！　と、先輩を見下したり、反対に、まだまだダメだと自分で自分を卑下したりする。そんな感情が出てきた瞬間に、〝ふりだし〟に戻る！　少なくとも、五コマ戻る！　とかに、なりそうじゃない？」。

「確かに！」と、Yが大きく頷く。

「親鸞さんは、あのおばあさんと同じように、自分がしたことを誇ってしまう自分だって、気づかされたんだと思う。黙っておけばいいのかもしれない。あのおばあさんみたいに、自分で自慢しなきゃわからないからね。外からは、修行を頑張っている姿しか見えないから。でも、親鸞さんは、切実に求めていたんだと思う」。私が息をしたわずかな瞬間に、Yが言葉を挟む。「何を求めていたの？」と。

「何を求めていたんだろう……」と考える私に、「少なくとも、覚りじゃないね」とTが確信的な口調で言う。

「そういう、ありきたりな、教科書的なことではないと思う。もっと、個人的なこと。でも、ここでいう個人というのは、私的なことという意味ではなく、『個』としての自分を通して、という意味ね。その『個』を通して、人間の普遍的な、そして根源的な悩みに向き合っていたんだと思う。だって、自分と関係のないことで、二〇年間も物事に取り組めないよ」。お得意のプロファイルを披露するTに対して、聴講生として大学院で学んでいる私は、根拠なしには言えないと慎重になってしまう。

「空しさじゃない？」。Yが言った。そして、こう続けた。「難しいことは分からないけど、空しさのような気がする。だって、二〇年間も修行したんだよ。それなのに、双六の〝あがり〟に近づくどころか、頑張れば頑張るほど、〝ふりだし〟に戻される。それって、空しいよ。その空しさを何とかしてほしくて、その方法を知りたくて、山を降りたんじゃない？」。水を打ったかのような静けさが、一瞬、私たちのテーブルを包んだ。それを破ったのは、Tだった。

「つまり、その時の彼は『はたらき』には、遇えていないよね？　知識としては、存在を知っていたけれど。そこで彼は、ここで修行を続けても、自分ははたらきには、遇えない。そう思って、山を降りたんだよ！」。親鸞さんはすっかり、Tの興味の対象にされてしまっている。

「まさか、TやYと親鸞さんの話で盛り上がるとは、思わなかったよ。親鸞さんが比叡山を降りた理由が、空しさを何とかしてほしかったのか、はたまた、はたらきを求めてなのかは、正直、わからない。研究している人たちはたくさんいるからね。今は論文もインターネットで読めるから、検索したら何かヒットするかもしれないけど」。

人生の地図の物語

「ちなみに、私が言ったお掃除おばあさん説は、根拠となる親鸞さんの言葉があるんだ」。

「さすが現役の学生！　エビデンスは大事よ」と、Tが笑顔で言う。

「現役といっても、聴講生だけどね」。私は笑って、言葉を続けた。「授業で叩きこまれるのは、お聖教《しょうぎょう》に尋ねろってこと。お聖教っていうのは、お経さんや、親鸞聖人が書かれた書物のことなんだけど……」と言いながら、私は鞄の中から一冊の本を取り出した。

「え！　お坊さん、それを持ち歩いていたの？」と、Yが驚く。Tも、びっくりした顔をしている。

「うん。だいたいいつも、持ち歩いているよ。鞄を買う時も、『真宗聖典』が入るかどうかで決めているからね」。私は漫画の単行本より一回りほど小さくて、厚さが五センチほどの本を左手に持って答える。

「この本は『真宗聖典』っていって、浄土真宗で大事にされているお経さんが三つと、そのお経さんの注釈書、これは親鸞さんの先輩にあたるインドのお坊さんが書いたものなんだけど。その他には、親鸞さんが書かれたものとか、親鸞さんの奥さんのお手紙とか、さっき言った、お弟子さんが書いたものとかが入ってる」。

「へ〜。その小さい本に、そんなに入ってるんだ。お得だね」と、Yが言う。確かに、お得だ。

「勉強していて、わからないことがあると、私はすぐ聞いちゃうのね。教授をつかまえて、どういう意味ですか？　私の受けとめ方は合ってますか？ってね。そのたびに、言われるのが、お聖教に尋ねろって。つまり、全てはここにあるの」。そう言って、右手で表紙をトントンと叩いた。

「この中には、お釈迦さまの説法である、お経さんもある。それを註釈してくださった本もある。そして、それを受けとめた親鸞さんの言葉もたっぷりある。私が教授に質問しているのは、結局のところ、教授が正しいと思っているから、私の理解が正解かどうか確認したいだけなんだよね。それって、教授を拠り所にしちゃっているよね。今日の話じゃないけど、人を頼ることはできても憑むことはできないからね。つまり、自分にとって都合がいい教授を、アテにしてる。もちろん教授はそんなことはお見通しで、だから、お釈迦さまの言葉や、親鸞さんの言葉に尋ねろって仰るんだと思う。そもそも、お釈迦さまの教えがそうだからね。お釈迦さまは、自分の言うことを聞け！とは仰っていないから。もしそうだったら、お釈迦さまが亡くなったら、誰も教えに出遇えなくなってしまう。お釈迦さまは、自分が出遇うことができた教えに、あなたも出遇ってほしいって願っておられたんだから」。

「ところで、エビデンスは？」と、Tが冷静な声で聞く。

「え〜。この話も、面白いのに」と、Yが話しの続きを聞きたそうにしているが、確かに根拠となる親鸞さんの言葉の紹介が先だ。

「お掃除おばあさんと同じだと気づいた、根拠となる言葉でしょ？　それはね、『弥陀の五劫思惟の願をよくよく案ずれば、ひとえに親鸞一人がためなりけり』これに続く言葉なの」。

「それって、『憑むことができるものに出遇った人の言葉』だってTが言って、それと同じだってお坊さんが言っていた、あの言葉の続き？」とYが聞く。早くも興味を示していることに驚くけれど、もしかすると、空しさから救われるヒントがないかと必死なのかもしれない。

「そう！　よく覚えてるよね。見えないはたらきに出遇うことができた親鸞さんの言葉なんだけど、その続きが『されば、そくばくの業をもちける身にてありけるを、たすけんとおぼしめしたちける本願のかたじけなさよ』」。

「日本語だと思えない。どういう意味？　最初からわかんないよ。『そくばく』って、何？」と、Yが聞く。

「『そくばく』っていうのは、『若干』ていう意味。若干って聞くと、少ないと思うかもしれないけど、本来の意味は、数えられないほど、たくさんっていう意味。だから、『そくばくの業』というのは、『たくさんの業』ってこと」と、私が答える。

「『業』って何？　言葉が難しいよ」と、Yが口を尖らせる。

「確かにね。専門用語が多いよね。ザクッと言っちゃうと、そくばくの業っていうのは、たくさんの業っていう意味だけど、それって、自分の姿をハッキリ知った人の言葉なのね。あのお掃除おばあさん、残念なことに彼女は、自分の姿に気づけていない。善い行いをしていると思い込んでいる。

確かに善いことかもしれない、けれども、そこには彼女自身も気づいていない、色々な思惑があったと思う。善人でいたいとか、私は新聞にも取り上げられて、世間に認められたとか、あげく、自分の行為に執着して、他者を攻撃した。あれは、嫉妬からかもしれないし、自分の立場が脅かされるという不安だったかもしれない。そんな色々な思いは、努力したり、我慢したからといって、なくすことはできない。って、何も見ず知らずのおばあさんの話をすることは、なかったね。私がそうだよ。弟の死を願った私。そんな自分に自分で驚くし、正直、ゾッとする。でも、自分ではコントロールできないの。そんな自分でも手に負えない自分に気づかされ、自分自身を痛ましく思う。それが、『されば、そくばくの業をもちける身にてありけるを』なの。これ、他でもない親鸞さんの言葉だから、親鸞さん自身も、そういう痛ましい自分に気づかされたんだろうね」。

「それって、比叡山で先輩を見下したり、後輩を妬んだりしたってこと？」と、Yが聞く。「あの話を覚えてくれて、ありがと。でも、あれはあくまで、私の想像だからね。本当のところは、わからない。でも、『一念多念文意《いちねんたねんもんい》』っていう親鸞さんの本の中に、私たちは『欲もおおく、いかり、はらだち、そねみ、ねたむこころおおく』って書いてあるからね。おまけにそれは絶え間なく、臨終の間際まで『とどまらず、きえず、たえず』だっていうから、ちょっとびっくり。ここまで正直に、書かなくてもいいのにね。で、私が言いたかったのは、親鸞さんは、私たちと同じだったということ。これが、お掃除おばあさんと一緒という、根拠なんだけどね」。

「親鸞さん、偉そうじゃなくて、人間臭くてイイね」と、Yが笑顔で言う。その横で、Tが検証するかのように、「エビデンスは分かったけど、その言葉、もう少し長くなかった?」と、聞いてくる。すでにプロファイルに必要な資料を、要求する口ぶりになっている。

「『たすけんとおぼしめしたちける本願のかたじけなさよ』って、続くよ。最初からいうと、『弥陀の五劫思惟の願をよくよく案ずれば、ひとえに親鸞一人がためなりけり。されば、そくばくの業をもちける身にてありけるを、たすけんとおぼしめしたちける本願のかたじけなさよ』」。一息で言った私の言葉を聞いて、Tが口を開いた。

「これって、はたらきに出遇った人の言葉だって話をしていたけど、はたらきに出遇って知らされるのは、痛ましい自分の姿ってことになるよね? その後に、本願って言わなかった? それって、キーワードだよね。本願のはたらきって、話もしていたし……」。

「そう! どうしようもない自分の姿がハッキリと知らされたと同時に、その私をたすけようとしている阿弥陀さまの願いがあったと気づかされるの」と、私が言ったところで、Yが興奮気味に、言葉を挟む。「それって、聞く耳を持ったってこと?」。それを聞いて、Tが大きく頷きながら口を開く。「実家の父が交通事故を起こして、初めて、安全運転という言葉が自分に向けられていたと気づけたように、はたらきがありますよって、知識では知っていたことに気づかされる」。それを聞いたYが、「ガッチャ!(Gotcha! わかった)」と、声を出す。

「はたらきにどうしたら出遇えるのか? って、お坊さんに聞いた時、はぐらかされるような答えだと思ったけど、こういうことか! そもそも、方法がないいんだよね?」。

「そうなの。繰り返しになっちゃうけど、何かを手に入れるためには、対価を支払うのが私たちの常識。けれども、そうすると、対価を払える人と払えない人をつくってしまう。本願という阿弥陀さまが願ってくださったことは、生きとし生ける全てのものを救う、ってことだからね。お経さんを覚えた人、お寺に寄附した人、他人に優しい人とかね、そういう条件づけなしで、生きとし生けるもの全て！なの。だから、何かをしたら気づけるってことでもないから、方法がないんだよね。そして、ここでいう生きとし生けるものっていうのは、他でもない『そくばくの業』を持っているこの私を救うってこと。だから親鸞さんは、『かたじけなさよ』って言ってるんだよね。なんてありがたく、もったいないことだ、って」。

そう話す私の左手に持たれた本を見て、Tが尋ねる。「その言葉も、その本の中に書かれてる？」。

「そうだよ。見る？」と言うと、私は、両手で軽く本を押し頂くと、『歎異抄』のページを開いてTに渡した。

「わぁ、書き込みがいっぱい！」と、驚きながらも、引き込まれるように読んでいる。「ここにメモがあるね。『そくばくの業をもちける身にてありけるを』のところに『機《き》の深信《じんしん》』、『たすけんとおぼしめしたちける本願』の横には『法《ほう》の深信』って。仏教語は経済用語と違って、味わいがあるね。意味はわからないけど」と、言いながら、ページをめくる。それを見ながら、Yが口を開く。

「じゃあ、この本のどこかにあるの？」。

今度は私の目を正面から見て、「全ては、その本の中にあるんでしょ？　だったら、空しさについても、何か書かれていない？」。Tも本から顔を上げて私を見つめている。

「あるよ」。私は答える。「本当に、あるの？」。Tが念を押すように言う。「空しさって一口に言っても、色々あるよ。私は過去に対して、Yは未来に対して、そして英月ちゃんは自分自身に対して、空しさを感じているように、三人いたら三様の空しさ。他にも、色々な空しさがある」と言った後に、考えるような表情を見せて、言い直す。「空しさを感じているんじゃないね。包まれているのかな……。Yに言わせると、空しさの穴に落ちたのかもしれないけど」。

それを聞いてYも口を開く。「空しさの穴って、ほんとうにたくさんあるよ。Tは三者三様って言ったけど、一人の中にも色々な種類の穴がある。大きさも深さも色々なんだけど、ちょっと気を抜くと、落っちゃう。落ちるっていうか、気づいたら、落ちてるんだけどね。その全部に対応するような、空しさの穴に落ちないようなことって、本当に書いてあるの？」。

「あるよ」。もう一度、私は答える。

「この本の中には、浄土真宗で大事にされている三つのお経さんが入ってるって言ったけど、正確には、『仏説無量寿経《ぶっせつむりょうじゅきょう》』『仏説観無量寿経《ぶっせつかんむりょうじゅきょう》』『仏説阿弥陀経《ぶっせつあみだきょう》』の三つ。二つ目の『仏説観無量寿経』、このお経さんの注釈書を、日本でいうと推古天皇の時代に中国で生まれた善導《ぜんどう》っていう人が書いたの。注釈書の名前は『観無量寿経疏《しょ》』、略して『観経疏《かんぎょうしょ》』。これは四巻から成っているんだけど、その四巻目。その中で「二河白道《にがびゃくどう》の譬《たと》え」という短いたとえ話が説かれているんだけど、これがそうなの。私たちが求めていることって、この中で全て説かれていると思う」。

「空しさについても？」と、Yが真剣な表情で聞く。

「空しさについて直接的な表現はないけれど、人生の地図のような物語だから、含まれているよ。というより、空しさを超える物語だと私は思ってる。このたとえ話を、作者の善導さん自身が解説をして、丁寧に説いているんだけど、それだけじゃなく、親鸞さんも、色々な本で何度も引用している」。

それを聞いて、Yのつぶらな瞳が、一回り大きくなった。熱を帯びた声でTが言う。「親鸞さんが何度も引用したということは、二つ理由が考えられるね。内容が大事だということと、その内容が普遍的だということ。それにしても、人生の地図って響きがいいね。推古天皇の時代の中国で書かれたということは、隋？　唐？　基《もと》になっているのは、お経さんでしょ。人生の神秘について説かれた、古代文書みたいで、ロマンを感じるわぁ。しかも巻物の四巻目っていうのが、ますます、古代文書っぽい！」。

「そんな神秘的な話じゃないよ。ちなみに善導さんが生まれたのは六一三年だから、隋の時代。でもそのあと数年で唐になるから、本が書かれたのは唐の時代ね」。淡々と話す私に、「お坊さんは、ロマンがない〜」と、Yが笑いながら言う。「お坊さんが気づいていないだけで、実は秘密の文書かもしないよ」。

「こんな立派な本に収められて、既に多くの人に読まれているんだから、秘密なんてどこにもないよ」と、私は笑う。「そう思い込んでいるだけかもよ」と、Yがウインクをして、Tが持つ本に手を伸ばす。そして私に渡す、「どこに書かれているの？」と、言いながら。

Yから渡された『真宗聖典』をパラパラとめくり、私は親鸞聖人が書いた『顕浄土真実教行証文類《けんじょうどしんじつきょうぎょうしょうもんるい》』の「信巻」を探す。「ここだよ。二一九頁の四行目から、次のページの後ろから七行目。『これはこれ喩《たとえ》なり』まで。親鸞さんが『観経疏』を引用した部分ね」。

「たったこれだけ？　この短い文章が、人生の地図なの？」と、Yが言う。

「長ければいいってものでもないよ。コンパクトにまとめられている方が、ますます古代文書っぽいじゃない？　その短い文章によって、人生の深遠なる謎が説き明かされるって、素敵」。

Tに、こんなロマンチストな面があるとは知らなかった。けれども、不実な恋愛にのめり込めたのは、ロマンチストだったからかもしれない、そんなことをぼんやりと思う。二人は、カップやグラスをテーブルの端に寄せ、テーブルに置いた『真宗聖典』に指を添わせながら、熱心に読み始めた。

第Ⅱ章　二河白道の物語とは

「二河白道《にがびゃくどう》の譬《たと》え」

また一切往生人等《おうじょうにんとう》に白《もう》さく、今更《さら》に行者のために、一つの譬喩《ひゆ》を説きて信心を守護して、もって外邪異見《げじゃいけん》の難を防がん。

何者かこれや。

譬《たと》えば、人ありて西に向かいて行《ゆ》かんと欲《ほっ》するに百千の里ならん、忽然《こつねん》として中路に二つの河あり。一つにはこれ火の河、南にあり。二つにはこれ水の河、北にあり。二河おのおの闊《ひろ》さ百歩《ひゃくぶ》、おのおの深くして底なし、南北辺《ほとり》なし。正《まさ》しく水火の中間《ちゅうげん》に、一つの白道《びゃくどう》あり、闊《ひろ》さ四五寸許《しごすんばかり》なるべし。この道、東の岸より西の岸に至るに、また長さ百歩《ひゃくぶ》、その水の波浪《はろう》交わり過ぎて道を湿《うるお》す、その火焔《かえん》また来《きた》りて道を焼く。水火あい交わりて常にして休息《くそく》なけん。

この人すでに空曠《くうこう》の迥《はるか》なる処《ところ》に至るに、さらに人物なし。多く群賊悪獣《ぐんぞくあくじゅう》ありて、この人の単独なるを見て、競《きそ》い来《きた》りてこの人を殺さんと欲《ほっ》す。死を怖《おそ》れて直ちに走りて西に向かうに、忽然《こつねん》としてこの大河を見て、すなわち自ら念言《ねんごん》すらく、

「この河、南北辺畔《へんぱん》を見ず、中間に一つの白道《びゃくどう》を見る、きわめてこれ狭少《きょうしょう》なり。二つの岸、あい去ること近《ちか》しといえども、何に由《よ》ってか行くべき。今日《きょう》定んで死せんこと疑わず。正《まさ》しく到《いた》り回《かえ》らんと欲《ほっ》すれば、群賊悪獣漸漸《ぜんぜん》に来り逼《せ》む。正《まさ》しく南北に避《さ》り走らんと欲すれば、悪獣毒虫《どくちゅう》競い来りて我に向かう。正《まさ》しく西に向かいて道を尋《たず》ねて去《ゆ》かんと欲すれば、また恐《おそ》らくはこの水火の二河に堕《だ》せんことを。」

時に当たりて惶怖《こうふ》すること、また言うべからず。すなわち自ら思念すらく、

「我今回《かえ》らばまた死せん、住《とど》まらばまた死せん、去《ゆ》かばまた死せん。一種として死を勉《まぬか》れざれば、我寧《やす》くこの道を尋《たず》ねて前《さき》に向こうて去《ゆ》かん。すでにこの道あり。必ず度すべし」と。

この念を作《な》す時、東の岸にたちまちに人の勧《すす》むる声を聞く。

「仁者《きみ》ただ決定《けつじょう》してこの道を尋《たず》ねて行け、必ず死の難なけん。もし住《とど》まらばすなわち死せん」と。

また西の岸の上に人ありて喚《よば》うて言わく、

「汝《なんじ》一心に正念《しょうねん》にして直ちに来《きた》れ、我よく汝《なんじ》を護《まも》らん。すべて水火の難に堕《だ》せんことを畏《おそ》れざれ」

と。

　この人すでに此《ここ》に遣《つか》わし彼《かしこ》に喚《よば》うを聞きて、すなわち自ら正《まさ》しく身心に当たりて、決定《けつじょう》して道を尋《たず》ねて直ちに進みて、疑怯退心《ぎこうたいしん》を生ぜずして、あるいは行くこと一分二分《いちぶんにぶん》するに、東の岸の群賊《ぐんぞく》等喚《らよば》うて言わく、

「仁者回り来《きみかえりきた》れ。この道嶮悪《けんあく》なり。過ぐることを得じ。必ず死せんこと疑わず。我等《われら》すべて悪心あってあい向うことなし」と。

　この人、喚《よば》う声を聞くといえどもまた回顧《かえりみ》ず。一心に直ちに進みて道を念じて行けば、須臾《しゅゆ》にすなわち西の岸に到《いた》りて永く諸難を離《はな》る。善友あい見て慶楽《きょうらく》すること已《や》むことなからんがごとし。

　これはこれ喩《たとえ》なり。

謎の古代文書？

　読み終えたTとYが見つめ合っている。いや、正しくは、言葉を出さずに会話をしている。「意味、わかった？」と、確認し合っているのが、聞き取れるようだ。先に口を開いたのはYの方だった。「私がバカだからかもしれないけど、意味がわかんない」。「いや、バカとかじゃなくて、古文書ってそういうものじゃない？　それにオリジナルは、中国の唐の時代に人生の地図として書かれ

た、謎の文書だよ。簡単にはわからないと思う」と、遠回しに意味がわからないと、Tも口を揃えて言う。私は笑って「謎の文書じゃないし、人生の地図っていうのは、私がそう思っているだけだよ」と言って、言葉を続けた。

「そもそもYはバカじゃないよ。昔の言葉遣いに慣れてないだけ。これは、とってもシンプルな話。ただ、そのひとつひとつがmetaphor（メタファー）だから、読んですぐわかるってものではないだけだよ」。と聞いて、Tが前のめりになる。「メタファー、隠喩かぁ。言葉に隠された真の意味を探るって、ちょっとした冒険だね。宝探しみたい」。言い方か、声のトーンか、はたまた雰囲気か、何を話しても言葉に重みが出てしまう彼女が言うと、これから考古学の学会発表が始まるのかと思う。T自身、人生の神秘について説かれた古代文書だと、思い込んでいるふしがあるからかもしれないけれど。

「じゃあ、お坊さん、そのシンプルな話をしてよ」と、Yがせっつく。私は鞄の中に片手を入れて、スマホで時間を確認する。既に十二時半を回っている。「どうする？　ここで、お昼を食べる？　だったら、話すけど。それとも、いつものお店に行く？　歩きながらでも、話せるからね」と言うと、「いつものところ！」とYが即答する。Tは腕時計に目を落とし、「長竹さんがオープンするのって、午後一時だったよね？　ゆっくり歩いていけば、ちょうどいい時間になるから、行こうか？」と言いながら、私に『真宗聖典』を返した。

店の外に出ると、一瞬にして湿気に包まれる。「この蒸し暑さは香港と変わらないね」と、Tが眉間にシワを寄せながら言う。「でも、これって、天然の化粧水みたいなものだよ。カリフォルニアに住んでいると、乾燥と硬水のせいで、顔も髪もパッキパキになるからね」と、嬉しそうなY。顔を突き出して、まるでスチームをあてるように、顔を左右に振っている。

それを聞いて、面白いと思う。同じ環境にいながら、厭う者と、好む者がいる。それを分けているのは、何なのか。きっとそれは、その時々の都合。都合に合わなければ厭い、合えば好む。なんて勝手だと思うけれど、TやYに限ったことではなく、他でもない私自身がそうなのだ。そして、そんなことはアタリマエのことだと思い込み、勝手だということにも気づいていない。「そういえば、サンフランシスコに住んでいた頃は、真夏に日本に帰ると肌がしっとりするから、喜んでいたっけ」。私の心の声が聞こえたのか、せわしなく扇子を動かしながらTが言う。

「ちょっと遠回りするね」と私は言うと、四条通に出ると東へ進んだ。「この前は、ここで晩ごはん食べたね」と、橋のたもとに百年近く建っている洋館の前を通りながらYがいう。鴨川に面した、スパニッシュ・バロックの洋館の壁には、北京料理東華菜館と大きな文字が見える。「綺麗な味の中華だったね。また行こう。今日は、晩ごはんを食べる時間はないんだよね?」と、Tが確認するように聞く。「残念だけど、夕方までに帰らなきゃいけないの。お坊さんも、用事があるんだよね?」と、残念そうにYが言う。私は頷いてそれに答える。

「ねぇ、あれ南座でしょ?」と、今度は橋向こうの建物を指して、Yが言う。四条大橋から見ると、にしんそばで有名な松葉さんの建物と一緒になって見えるが、破風のある特徴的な屋根がその違いを見せつける。「この南座の看板が黒い布で覆われたんだよね、お坊さんの先祖が亡くなった時」。

「えっ！　そうなの？」と驚いて、目の前の建物と私の顔をTは交互に見ている。

「そう。南座だけじゃなく、当時は北座もあって、その両方ともが、お芝居の看板を黒い布で覆ったらしいよ」と言う私の言葉を聞きながら、Tの目線は橋向こうの北側に建つ、八ツ橋屋のビルを見つめている。商業ビルにも、申し訳程度の破風が作られ、その壁には北座の文字が読める。「それって、いつのことかわかる？」とTが聞くので、「信暁《しんぎょう》さんが亡くなったのは、安政五年の六月だよ」と答えると、驚いた様子で、「安政五年って、安政の大獄が始まった年じゃない！　ということは……。一八五八年だね」と、感慨深げに一人で頷いている。

「信暁さんっていうのは、大行寺を開いた人なんだけど、元々は岐阜の大垣にある清和源氏の護り寺に生まれて、勉強がよくできたから京都に出てきたの。八十五歳で亡くなった時のお葬式が、びっくりするくらい盛大で、記録によると、四条烏丸近くにある大行寺から今、私たちが歩いているこの四条大橋を渡って、蹴上にある佛光寺の本廟まで行ったんだけど、先頭は到着しているのに、大行寺ではまだ葬列の呼び出しをしていたっていうからね。だいたい三キロあるからね、それよりも長い行列だったってことだね」。

橋の東側に着いた私たちは、信号を北に渡り、川端通を三条大橋へ向かって歩き始めた。「その葬列が通った寺町通、三条通は、みんなお店を休んでお参りをし、昼食に白蒸を出したっていうから、商店街でお弔いの炊き出しをしたってとこかな。その葬列に出たお稚児さんたちは、途中で休憩をして、入浴して、白粉を塗り替えたらしいよ。夏だから、暑かったし、お稚児さんのお化粧もドロドロになったんだろうね」。

「私も、既にドロドロドロになってる〜」と、Yがおどけて言う。「天然の化粧水だと思った湿気も、ここまで蒸し暑いと、やっぱりしんどいね。しかし、お坊さんの先祖のお葬式、言葉は悪いけど、パレードみたいだね」。「そう言われてみれば、そうだね。棺の側には、十人のお弟子さんが付き従ったそうだからね」。

「ところで、さっきの話の続きは?」と、Yが促す。

「二河白道の譬えね。実は、その話が絵になったものが、大行寺に残ってるの」。YとTが顔を見合わせて、驚いている。「まさに、人生の地図じゃない!」興奮気味に、Tが言う。

「そうだね。その絵を見たら、そう思うかもね」。「その絵は、いつ頃描かれたの?」。私の言葉に被せるように、Tが尋ねる。「詳しいことは分からないの。絵と言ったけど、版画で、そこには『皇都　大行寺蔵板』ってあるんだけど、蛤御門の変で、大行寺も焼けちゃったからね、版木は残ってないの。快慶さんが彫った阿弥陀様の仏像だけ、奇跡的に残ったけどね」。

「蛤御門の変は元治元年だったから、一八六四年。信暁さんが亡くなって、六年後かぁ。版木は残念だったけど、版画だけでも残ってよかったね」。歴史好きのTが、素早く計算をする。「たぶん二人とも、その絵を見てるよ」。「えっ?!」。TとYの声が重なる。「大行寺の玄関に、二曲屏風が立っているの覚えてる？　その屛風に、信暁さんの書と一緒に表装してあるよ。位置でいうと、向かって左の下」。二人とも首を傾げている。人は、見ているようで、自分の興味のあることしか見ていない。

そうこう話しているうちに、私たちは三条大橋のたもと近くに着いた。人混みを避け、「花の回廊」と書かれた石碑の手前で立ち止まる。

「じゃあ、始めるね」私は、おもむろに言った。二人が、きょとんとした顔をしている。「さっきの譬えのお話」と言って笑顔を見せると、二人とも待ってましたとばかりに、目が大きくなる。

「今、私たちがいるのが、鴨川の東側。あの物語も、東の岸から始まるからね」。頷いている二人を見て、私は話を続ける。「一人の人がいて、西に向かって進もうという心を起こすところから、物語は始まるの。ちょうど、今の私たちと一緒ね。西に向かおうと思っている。けれども、いざ進もうと思うと、これからの道が涯《はて》しなく遠いものだと感じられてくるの」。私は目線を鴨川に移した。

「ふと気が付くと、その人の行く手に二つの河が見えるの。そして、その二つの河のちょうど中間に、一本の白い道がある。二つの河の間に道って、わかりにくいけど、ちょうどこんな感じね」と言って、私は左手で鴨川にかかる橋を指す。

「三条大橋を、河の間にある道だと思って想像して。橋の手前、南側は火の河。橋の向こう、北側は水の河。それぞれ、底がわからないほどに、とっても深いの。川幅は、百歩《ひゃくぶ》。間にある、白い道の長さも百歩」。「百歩《ひゃくぶ》って？」Yが聞く。「ゴメン、実は私もはっきりとしたことはわからないの。この話が出ている『観経疏《かんぎょうしょ》』が書かれたのは、中国の唐の時代。その時代の単位で、一歩は五尺に相当していて、今の単位にすると一・五六メートルらしいのね。だから百歩《ひゃくぶ》は、一五六メートルになるの。でも、この話について日本で書かれた本には、百歩は五〇〜六〇メートルって書かれているものもあるの。じゃあ親鸞聖人はどう言ってるかっていうと、『愚禿鈔《ぐとくしょう》』っていう書物に、人間の一生を表すって書いてあるのね。だから、具体的な距離はわからないけど、ここは一〇〇歩ってことにしておいて」。「じゃあ、間をとって、だいたい一〇〇メートルくらいを想像しとけばいいか」と、Yが笑って言う。

「さっき、信号待ちの間に調べたんだけど。三条大橋って、長さが七三メートルあるのね。そして、たまたまなんだけど、私の足で普通に歩いて一〇五歩なの。だから、百歩っていうと、この橋の長さをイメージしてくれたらいいと思う」。

「一〇五歩って、いつ数えたの？」と、Tが驚いて聞く。「いつだったかな？　最近だよ。子どもの時からのくせで、障子の枠の数や、畳の数、ビルの窓の数とか、目に入ったもので規則性があるものって、ついつい数えちゃうんだよね。階段もそうだし、歩数もそう」。「でも、一〇五歩って数までよく覚えていたね」と、Yが感心して言う。

「世間一般に煩悩の数って一〇八個あるっていわれているけど、あともう少しで一〇八歩だったのにって、思ったからかな」と言いながら、鴨川側にある柵に近づく。

「話に戻るけど、東の岸から西の岸に到っている白い道は、ちょうどこの橋の長さをイメージして。向こう岸は見えているけど、いざ、行こうと思うと、とてつもなく遠く感じる。白い道の両サイドには、深い深い火と水の河。それぞれ、南北には涯しがない。つまり、橋の手前、こっち側は火の河だけど、鴨川でいうと、ずーっと川下まで火の河なの。北側の水の河も同じ、涯が見えない。だから、向こう岸に行くのに、火の河や水の河を避けて、遠回りすることができないの。そして、白い道。これ、長さは三条大橋と同じだけど、幅が全然違うのね。四、五寸って書いてある」。「四、五寸？」と、Tが聞く。

「日本だと、一寸三センチだから、一二～一五センチ。唐の時代だと、一寸が三・六センチだから、一四～一八センチ。だいたい、一五センチくらいだね」。「それって、スマホの縦の長さと同じくらいじゃない！」と、Yが驚く。

「そう。白い道は、すっごく細い道なの。その道に、水の河からは津波のような波が襲いかかる。火の河からは、火焔が燃え上がって、道を焼く。それが、ひっきりなしに続いているの」。「え？橋に柵とかないよね？」と、Yが聞く。

「イメージしやすいように三条大橋って言ったけど、実際は橋じゃなくて、道ね。だから、柵も何もない。田んぼのあぜ道って、言った方がよかったかもしれない。その道に、津波と火焔が両側から押し寄せるの」。「すごいね。これ、何のメタファーなんだろ……」。Tが独り言のようにつぶやく。

「今、私たちがいる、この東の岸。ここに来るまで、その人は、荒野を一人で歩いて来たの」。「私たちも、歩いて来たよね」と、Yが合いの手を入れるように言う。

「そう。その人は、涯しなく、淋しく、人影のない荒野を歩いて来たんだけど、多くの悪者や恐ろしい野獣たちがいて、その人が一人なのを見ると、互いに争うように迫って来て、殺そうとするの。死を怖れたその人は、まっすぐに西に向かって走り出した時、この二つの河に突き当たる。ちょうど、私たちがいる、ここね」。

「じゃあ、想像するとしたら、私を殺そうとしている怖い人たちや、野獣が、この辺りまで追いかけて来てるって、ことね」。そう言うと、Yは後ろを振り返り、京阪電車の三条駅の出入り口辺りを指す。ちょうど電車が着いたのか、地下の駅へと続く階段から、多くの人たちがあふれ出してくる。

「で、どうしたの、その人？　だって、戻れないし、前にも進めないよ。南にも、北にも、河が続いていて行けないし……」。そう言うと、Yが軽く身震いをした。想像力が豊かなのか、芝居がかっているのか。「で、古代の文書には、何て書いてあるの？」。真剣な表情でTが聞く。

彼女はどうしても、善導《ぜんどう》の『観経疏《かんぎょうしょ》』を、古代の秘密の文書にしたいらしい。中国史の区分でいえば、善導が生きた唐の時代を古代に入れることもあるので、あながち間違いとは言えないけれど。しかし、この思い込みの強さが、〝銀行〟との関係を長引かせたのかと、つい邪推をしてしまう。

「実は、今、Yが言った通りのことが、書いてあるんだよね」。二人が、私を見つめるのを感じる。一呼吸置いて、私はゆっくりと話し始めた。

「まるで行き止まりのような、火と水の河に突き当たったその人は、心の中で、こう思うの。この二つの河は、南北に涯がない。その河の間には、一つの白い道が見えるけれども、とても狭い。西の岸は見えるところにあるけれど、とてもじゃないが行けない。嗚呼、私は絶対に今日、死んでしまう。引き返そうとすれば、多くの悪者や恐ろしい野獣が私に襲いかかる。南北、どちらに走っても、彼らが先を争って、私に迫ってくる。まっすぐに西に向かって、この道を進んで行こうとすれば、きっと水か火の河に落ちてしまう。

　そう思った時、すっごく怖くなって、震えあがるのね。だって、死というものが現実となって、目の前に迫ってきたんだから。その極限の恐怖の中で、この人は心に決めるの。今、私は引き返したら、必ず死ぬ。立ち止まっても、死ぬ。前に進んでも、死ぬしかない。いずれにしても、死ぬのであれば、私は心を決めて、この道を前に向かって進んで行こう。すでに、道はあるのだから。必ず渡ることができるに違いない。そう、心を決めた瞬間、この人は東の岸から、自分が決めたことを勧め、そして励ましてくれる声を聞くの」。

「東の岸？　東の岸っていうと、こっち側よね？」と、Tが聞く。

「そう。こっち側。ここからじゃ建物で見えないけど、東山の空の辺りから、声が聞こえたってイメージして。その声が、『仁者《きみ》』って呼びかけるの。仁者、心を決めてまっすぐに、この道を前に向かって進め。死ぬことなど、決してない。もし、ここに立ち止まったなら、必ずやそこで死ぬだろう、って」。

「誰が言ってるの？」とのTの質問には答えず、私は話を続けた。

「すると、今度は西の岸の上に人がいて、喚びかけるの」。

「今度は、西？　じゃあ、対岸から呼ばれるってことね」と、Yが言う。私は頷き、言葉を続ける。

「西の岸の上からその人を『汝《なんじ》』って呼ぶの。汝、一心に正しく思いを定めて、今すぐに、この道を進んで来なさい。我、汝を護ろう。水や火の河に落ちることなど、少しも畏れることはないぞ、って」。

「いよいよ佳境だね。追い込まれて、もうダメだと思う、でも色々考えて決断した瞬間に、背後から行け！　と声が聞こえ、同時に向こう岸から、来い！　と喚びかけられる。ところで、この声の正体は、いったい誰なの？」と、Tが聞く。

「誰が言ってるか？でしょ。実は『観経疏』のたとえ話のところには出てこないの。フランソワで読んだ『真宗聖典』にも書いてなかったでしょ？　でも、『観経疏』には、その続きがあって、善導さん自身が解説をしているのね。そこには、東の岸で、行け！　と言ったのは、お釈迦様で、西の岸から、来い！　と喚んだのは、阿弥陀様って、書いてある」。

「へ〜。お釈迦様に勧められて、そして阿弥陀様に喚ばれるって、豪華だね」。Yが言う。

「確かに豪華だ」。私は笑顔で頷き、話を続けた。「東の岸から行け！ という励まし勧める声を聞き、そして西の岸からは、来い！ と喚ぶ声を聞き、この二つの声をちゃんと身と心に受けとめて、心を決め、すぐに道を進んだの。ためらいとかひるむとか、気おくれするってことが、まったくなくて、一歩、二歩と道を進む。すると今度は、東の岸にいた多くの悪者や恐ろしい野獣たちが、呼びかけてきたの」。

「何て言ってきたの？」と、Yが聞く。

「引き返しておいで！ って。この道は嶮《けわ》しい。とても向こう岸には渡れない。間違いなく、死んでしまうぞ。我々は、決して悪意があって、向かってきたんじゃないんだよ、って」。

「本当にそう書いてるの？ お坊さん、話、盛ってない？」と、Yが笑いながら聞いてくる。「盛ってないよ。善導さんの文章に、かなり忠実だと思うけどなぁ。でもどうして、そう思ったの？」

「だって、テレビのサスペンスドラマで、こういうこと、犯人が言うじゃない？ 急に猫なで声になって、そして相手が油断した隙に殺すの！」。

「Yはアメリカで、日本語放送の見過ぎ」と、Tが笑って言う。「だって、千年以上前に書かれた話でしょ？ なのに、やってることが、二一世紀の今の私たちと、あまりにも変わらないから、本当にそう書かれていたのかなぁって……」。

「生活が便利になって、それだけじゃなく、食べているもの、着ているもの、住んでいる家、話している言葉さえ全然違うけど、千年以上前と今、根っこの部分では変わらないんだろうね。で、話の続きね。呼びかけられて、その声は聞こえているけれど、もう顧みることはなかったの。一心に、まっすぐに道を念じて進んで行ったの。やがてほどなくして、西の岸に到着！」。

「おめでと！」。Yが、小さく万歳三唱をする。

「そうして、その人は、永遠に色々な難を離れ、多くの善き友と出遇い、よろこび楽しみが尽きることがありませんでした。これは喩《たとえ》です。おわり！」。一呼吸おいて、TとYが小さく拍手してくれる。

空しさを超える物語

「確かに、話はシンプルだったね。問題は、メタファー。元の話には、お釈迦さまも、阿弥陀さまの名前も出てこなかったように、この話に何が託されているか、だね」。お得意のプロファイルか、Tが考えるような表情で言う。

「そう。そのメタファーに関しては、善導さん自身、そして親鸞さんも、ちゃんと説明してくれているからね」と言いながら、私は三条大橋に向かって歩き始めた。そして、一番手前の欄干のところで、二人に話しかける。「せっかくだから、復習ね。一人の人がいて、西に向かおうと思う心が起こるところから、この物語は始まるの。ちょっと、下を見て」。

俯いた二人に、「地面に四角の線が入ってるでしょ？　その横の幅が、だいたい三〇センチ。だから、白い道は、ちょうどこの半分くらい」と、両手で一五センチほどの幅を作って私は言う。「思っていたより、細いね」。そう言いながらYは、その幅を意識して、想像の白い道を歩き始める。「平均台の上を歩いているみたい。両足を、横に揃える幅はないね」。「その状態で、右から津波のような水。そして、左からは火焔でしょ？　これが、何のメタファーかが気になるなぁ」と、言いながらTは、まるで想像の河を見るかのように、首を左右に振っている。

ちょうどその時、バランスを崩したYが、小さな叫び声と共に、隣を歩いていたTの腕につかまった。「ごめんね。でも、こんな細い道、歩けるハズないよ。細いだけじゃなくて、水と火でしょ？　幅が一メートルでも、無理だよ。オリンピック選手だって、無理。誰が渡れるの？」と、Tの腕を掴んだまま、悪態をつく。

「でもさぁ、道はあるんだよ。ね、英月ちゃん、そうでしょ？」。確認するように話しかけられた私は、前を歩く二人を見ながら、黙って頷く。

「そう、道はあるの。道が既にあるってことは……」。Tは、頭で考えていることを整理するかのように、言葉を出す。「私を殺そうとしている怖い人たちや、野獣たちがいるのが、東の岸。そこから、西の岸に渡るのに、普通ならどうする？　たとえば今、歩いているこの橋がなければ、どうする？　歩いて渡る？　鴨川だったら、できるかもしれない。でも、古代の文書には、河は底が見えないくらい深いって書かれているから、歩けない。泳ぐ？　津波の中や、火焔の中は、どう考えても無理。じゃあ、どうする？」。

「だから、無理だって、道があっても大変なのに、道がなかったら、どうしようもできないよ。泳ぐなんて当然、無理だし、人間の智恵と技術を集めても、橋はかけられないと思うよ」と言いながら、相変わらずYは、平均台の上を歩くように、ゆっくりと見えない白い道の上を歩いている。そんな私たちを、橋を行き交う人たちは、足早に追い抜いていく。

「でも……。道は、あるんだよ。ちゃんと、用意されている。荒野を歩いて来たその人の行く手に、二つの河と、この一本の白い道がある……」。Tは、まだ考えている様子だ。

するとと、ピタッとYが歩みを止めた。私はあやうく彼女にぶつかりそうになる。そんなことにはお構いなしに、Tと私の顔を見て、芝居っ気たっぷりに、彼女はこう言った。

「すでに道はある。道があるのだから、必ず渡ることができるに違いない！　さぁ、進め！」。細かいところまで、ちゃんと聞いているYには、びっくりさせられる。最後の「さぁ、進め！」は、余計だったけど。

「進めって、その人は言ってないけどね」と、神経質なTが訂正する。冗談のつもりかもしれないが、彼女が言うと、悲しいかな批判的に聞こえてしまう。「言ったよ〜。お釈迦さまが。行け〜って、絶対に死なないから、進めって」。「言ったのは、お釈迦さまでしょ？　その人は言ってないよ」。「お釈迦さまかもしれないけど、その言葉を聞いて、その言葉によって勇気付けられて、細い道を歩けたのは、進め！　って言葉によってだよ。その人の中でその言葉がガソリンになって、道を歩ませたんだから、その人と一緒だよ！」。

「そうかもしれないけど、厳密には一緒ではないよ」。こうなってしまえば、口喧嘩だ。しかし、善導が書いた『観経疏』の内容で、仏教に馴染みのない二人が言い合っていることが微笑ましく、思わず笑ってしまう。「お坊さん笑ってないで、Tに何とか言って～」と、Yも笑いながら私に泣きつく振りをする。おかげで口喧嘩になりそうだった会話が、ただの冗談に変わる。

「でも、すごいね。人間では、どう考えても、どう努力しても、東の岸から西の岸には渡ることができないのに、ちゃんと道があるってことが。おまけに、向こう岸に渡るための、ガソリンまで貰えるんでしょ？」。そう言ってTは、笑顔でYを見る。「それだけじゃないよ、向こう岸からも喚んでくれるんだよ。ね、お坊さん？」。

頷く代わりに私はYに言う、「今度は、台詞を言わないの？」と。すると、あと二メートルほどで橋を渡り切るところにいた私たちがいる場所から、Yは小走りで橋の西の端に行くと、クルッとこちらに振り返って言った。ご大層にも両手を広げて、迎え入れるポーズをとっている。

「今すぐに、この道を進んで来なさい。我、汝を護ろう。水や火の河に落ちることなど、少しも畏れることはないぞ！」。一言一句をキッチリ記憶しているYの言葉を聞いて、彼女とトランプの七並べだけはすまいと思う。

しかし、道行く人たちの無関心さに驚く。いや、無関心ではない。その行動に驚き、チラッとY

を見るが、身なりの良さに、変な人ではないと瞬時に判断するのか、眉をひそめる人はいない。それを見て、詐欺師は身なりを良くすると聞いたことを思い出す。人は、外見で簡単に騙される。いや、騙されるのは他人の外見ではなく、自分の判断だ。どんな些細な判断も、そこには、その人が今までの人生で得た、知識と経験が凝縮されている。つまり、判断をする時の根拠は、自分自身だ。自分をアテにし、拠り所として、判断をする。

しかし、この私はそれに足り得る存在なのだろうか？　残念ながら、答えは否だ。フランソワから出て来た時が、そうだった。蒸し暑いという同じ環境にいながら、それを厭うものだと判断したTと、好むべきものだと判断したY。判断を分けたのは、その時々の都合だった。都合によってころころ変わる自分を、根拠にするのは危うい。と言うより、根拠にならない。

「お坊さん！　何を考えているの？　こうして、阿弥陀さまが喚びかけているのに」と、Yが屈託なく笑っている。「ごめん、ごめん。実際に歩いてみたら、色々、考えちゃった。しかし、よく覚えてるよね」。「お坊さんも、麻雀をすればいいよ」と、Yは並んだ牌《ぱい》を両手で倒す仕草をしながら言う。

「ゴール！だよね？」と、Tが口を挟む。「どうだろ？」と私は答える。橋を渡り切った私たちは、江戸時代に十返舎一九によって書かれた『東海道中膝栗毛』の主人公、弥次さんと喜多さんの像の前に立っていた。

「渡り切って、ゴールじゃないの?」と、Tが重ねて聞く。「善導さんのたとえ話は、ここで終わっているけど、だからと言って、ゴールとは限らないと思うんだよね」と、私は答える。

旅姿の像を見ながら、Yが言う。「確かに。旅が終わったからって、ゴールとは限らないよね。そこから始まるんだよ、きっと」。

「でも、古代の文書に書かれているこの話は、人生の地図のような物語で、空しさを超える物語なんでしょ? 現に、西の岸にたどり着いたら、困難から永遠に離れて、楽しく暮らしたって、言ってなかった?」。私が口を開く前に、Yが「これは喩《たとえ》ですって、最後に言ってたじゃない」と、笑って言う。そして再びTが口を開く前に、「お坊さん! お腹へった〜。早く、長竹さんに行こう。もうすぐ一時だよ」と言って、緩やかな坂道を軽やかに駆けていく。

その後ろ姿に、Tが言葉を投げつけた。「空しいって言ってたけど、結局、その程度の空しさだったんだね」と。何てことを言うんだと、驚いてTを見るが、その表情から悪意は読み取れない。感じたことを、素直に口にしただけかもしれないし、軽い冗談だったのかもしれない。

けれどもその根底には、全てにおいて満たされたように見えるYに対しての、妬みがあるのかもと思う。学歴や職歴はTの方が遥かに上なのに、その結果として与えられるべき現状は、金持ちと結婚したYにはるか及ばない。と、そこまで思って、ハッとする。自分の卑しさに。友人を値踏みしている自分自身に。Tではなく、私自身がYやTを、そう判断しているのだ。自分の今までの経験から、私は人を見る目があると思い込んで、いい気なものだ。ただの邪推なのに。

私がこれらのことを考えていたのは、わずかな時間のこと。目の前には、振り向いたYの笑顔があった。柔らかな表情とは裏腹に、目には力がこもっている。一瞬、考えていたことを見透かされていたのかと、ドキッとする。

「だって、大丈夫って、わかったから。道はあるんでしょ？　私は空しさの穴にはまっちゃって、どうしようか？って思っていた。梯子をかけるのか？　階段を作るのか？　どうしたら、この空しさの穴から救われるのか？って。でも、既に道があるって知って、安心した。たとえとして合ってるか分からないけど、穴には既にエレベーターがついていた、みたいなものよ。あの人が白い道を歩いたように、私は、そのエレベーターに乗ればいい。さっきの話に登場した、色々な言葉。それらの言葉に託されたメタファーも気になるけど、それは私にとっては枝葉。幹は、道があるってこと。空しさを超えられることが決まっている、ってことがわかったから、もう大丈夫。細かい言葉の説明は、後でお坊さんがしてくれるでしょ？」と、私に微笑む。彼女を値踏みしていた後ろめたさから、私は大きく頷いてしまった。

それを確認すると、今度は明らかにTを見て、噛んで含めるように、ゆっくりと言った。「私は、空しさで遊ばないよ」と。すると一瞬の沈黙の後、「私が、空しさで遊んでるって？」と、いつもより、さらに低い声でTが食ってかかる。

あぁ、どうして、この二人はいつもこうなるのだろう。ことあるごとに、意見がぶつかる。けれども、これが本当の仲の良さなのかもしれない。この世の中、自分と同じ意見の人ばかりではない。

その中で、自分はこう思うと、相手に伝えることのできる関係。言い合える関係は、大事なのかもしれない。

そういえば、子どもの頃に見た、猫とネズミのアニメの主題歌に「仲良く喧嘩しな」という歌詞があったなぁと、ぼんやりと思い出していると、Ｙの「お坊さ～ん、Ｔに言って～」と、少し甘えた声が聞こえる。これは、ボクシングでいうところの、タオルを投げて、だ。試合の放棄ならぬ、会話の放棄。この会話に疲れたから、切り上げさせてという合図であり、Ｙの小芝居だ。しかし、私を巻き込まないでほしいものだ。

三条通りから弥次喜多像の前を通って南に進むと、建物に突き当たる。そこで、右に曲がってすぐの道を左に曲がると、先斗町だ。四条通りまでの五百メートルほどの細長い道のりに、料理屋などが並ぶ。

京都の五花街の一つ先斗町は、その歴史を江戸時代中期の正徳二年（一七一二）まで遡るといわれる。京都と伏見を結ぶ重要な物流手段であった、近くを流れる高瀬川を行き来する高瀬舟の、船頭や旅客目当ての旅籠だったのが、幕末の安政六年（一八五九）に芸者稼業の公許を得て、祇園や島原と並ぶ花街として栄えた。細長い通りに面して、つまり道の東西に、五〇もの大小の路地がある。西側の木屋町通りまで通り抜けができるものもあれば、行き止まりのもの、途中で曲がっているものなど様々だ。

幕末の志士たちが、この路地を巧みに使い、時に逃げ、また時に待ち伏せをしたという。それを示すかのように、木屋町通には「佐久間象山先生遭難之碑」や「大村益次郎卿遭難碑」などの石碑が数多くある。

さて、三条通りから先斗町に進んできた私たちの左手に見えるのは、先斗町歌舞練場。大正一四年（一九二五）に着工し、昭和二年（一九二七）に完成した、鉄筋コンクリートの地上四階、地下一階の建物は、美しいタイルに覆われている。しかし、TもYも、そして私も、百年近く道行く人たちを見つめ続けてきた建物には目もくれず、真っすぐに細い通りを南に進む。

「ねぇ、何にする？　焼き魚定食にする？　ちらし寿司も捨てがたいしなぁ」。先頭を歩くYが、振り返りながら、話しかける。激しく言い合ったことなど既になかったように、「長竹さんのちらし寿司は、Yのおばあさんが作ってくれていたのと同じ味だって言ってたね」と、Tが優しい声で応えている。「そうなの。京都生まれの祖母が作ってくれた、ちらし寿司と同じ味がして、びっくりしたよ。あの味は、タイムマシンに乗るか、長竹さんに行くか、どっちかでしか、食べられない！　でも、鰆の西京焼きも食べたいしなぁ〜」。「暑い時だからこそ、茶飯の雑炊もいいよねぇ。デザートは、どうする？　わらび餅、かき氷、抹茶パフェもいいよねぇ」。食べ物のことを真剣に話す二人を微笑ましくも、ちょっぴり滑稽に感じるが、海外在住者にとっては、日本での一食一食が貴重なのだ。

そんな二人の背中を見ながら、三条大橋での会話が思い出される。

「人間では、どう考えても、どう努力しても、東の岸から西の岸には渡ることができないのに、ちゃんと道がある」と言ったT。Yは、「道があるとわかったから、大丈夫」とまで、言い切った。大事なことは道があるということ、それによって、空しさを超えられることが、既に決まっている。そのことがわかったから、もう大丈夫だと、まるでスキップをするように軽やかに坂道を駆けて行った。

あの時Tは、「その程度の空しさ」だと言ったが、確かに、そう思われても仕方がない面はある。なぜなら、Yが抱えていた空しさという問題は、何ひとつ解決されていなかったのに、既に問題がないかのようだった。その様子を見て、そもそも問題自体が、軽かったのでは?と思うのは、自然なことかもしれない。しかしYは、道があると知ったことによって、穴に落ちた状況のままで、その空しさから解放されていたのだ。

善導大師が説き、親鸞聖人も大事にした「二河白道の譬え」は、空しさを超える物語だと私自身受け止め、そうTとYにも話した。まるで、私が教えてあげると言わんばかりに。けれども、「道がある」という言葉の重さを、二人から、改めて気づかされた思いがする。私はそっとその場に立ち止まり、石畳を踏みしめる自分の両足を見る。

「すでにこの道あり。必ず度《ど》すべし」。『観経疏』に書かれた言葉が、ふと頭に浮かぶ。「すでに道はあるのだから、必ず渡ることができるに違いない」。たとえ話の登場人物は、そう心を定め、白い道に一歩を踏み出した。奇しくも今、TもYも、そして私も、その一歩を踏み出したのかもしれない。

　そう思った時、「進め！」と聞こえた気がして、思わず後ろを振り返る。けれども、お釈迦さまの姿があるはずもなく、楽しそうに写真を撮っている観光客らしき人たちがいるだけだ。正面に向き直った私は、少し上を見つめた。「進んで来なさい！」と喚びかける、阿弥陀さまを探すかのように。

「お坊さ〜ん、どこ見てるの？」。Yの声で、現実に引き戻される。「ねぇ、お坊さん、メタファーのこと。あれ、今度、会う時までに、まとめておいて。だって、長竹さんに行ったら、おとうさんと話したいもん」。芸妓さんや舞妓ちゃんが、店主のことを「おとうさん」と呼ぶからか、それとも、そう呼ぶのが正しいと思っているのか。花街独特の言葉遣いを真似て、Yが言う。

　いや、問題は、そこではない。ちょっと待て、メタファーをまとめておけと？　「いいね！　英月ちゃん、お願いね！」と、Tも左手の親指を立てて、ウインクをしている。ぜんぜん、よくないんですけど。そんな手間のかかることを……。と、思う私の気持ちなどお構いなしに、二人は八番路地に入っていき、長竹さんの引き戸に手をかけている。

第Ⅲ章　「人生の地図」の謎を読み解く――「二河白道の譬え」をめぐって

これは私の物語？

大行寺にも一枚の版画として残る「二河白道の譬え」の話は、とってもシンプル。しかし、深い。お釈迦様があきらかにされた教えが、全て凝縮されているといってもいい。だから私は、空しさを超える物語で、人生の地図だと受け止めた。ロマンチストなTは、人生の深遠なる謎が説き明かされた、古代文書だと思い込んでいるけれど。

ここで、繰り返しになるけど、ザックリおさらい。

一人の人がいる。仮にAとしよう。Aは、西に向かって進もうと思う。すると突然、行く手に二つの河が現れる。北側には水の、南側には火の河があり、闊《ひろ》さは百歩《ひゃくぶ》。底がないほど深く、南北に延々と続く。その水と火の河の間に、同じく長さ百歩、幅一五センチほどの細くて白い道がある。

荒野を一人歩いてここに来たA。見回すと、辺りに人影はない。しかし、多くの群賊悪獣《ぐんぞくあくじゅう》がいて、Aが一人なのを見ると、殺そうと襲ってくる。

死を怖れ、Aは西に走った。すると突然、この二つの河が目に入った。そこでAは思った。「もうアカン」と。

「この河は、南にも北にもずっと続いている。その間に、一本の白い道が見えるが、細すぎる。東のこちらから西の岸まで遠くはないが、行けるはずがない。もうアカン。今日、私は死んでしまう。ここで引き返して東に向けば、群賊悪獣に襲いかかられる。南か北に走って逃げても、悪獣毒虫《あくじゅうどくちゅう》が追いかけてくる。まっすぐに西に向かって進もうとすれば、おそらく、この水と火の河に落ちてしまう」。

Aは怖《おそ》れ、おののいた。そして、こう思った。

「今、私が引き返したら死ぬ。ここに立ち止まっていても、死ぬ。前に進んでも、死ぬ。死をまぬがれないのならば、私はこの道を前に進もう。すでに、この白い道がある。必ず、向こう岸に渡れるはずだ」と。

こう思った時、Aは東の岸から自分を励ます声を聞く。

「仁者《きみ》、心を定めて、この道を行け。死の難など、決してない。もし、ここに立ち止まっていたなら死ぬぞ」と。

また、西の岸の上に人がいて、Aに喚びかけ、こう言った。

「汝《なんじ》、一心に仏を念じて、今すぐに来い。私が必ず、汝を護《まも》ろう。水や火の難におちることを、畏《おそ》れるな」と。

こちらの岸からは、行けと勧め励ます声を、そして対岸からは、来いと喚ぶ声を聞いたAは、自分の身と心に受け止め、心を定めて、白い道を進み始めた。ためらったり、ひるんだり、気おくれすることもなく、一歩、二歩と進んでいくと、東の岸にいる群賊たちが、Aに呼びかけ、こう言った。

「仁者《きみ》、帰って来い。嶮《けわ》しい悪路だぞ。渡り切ることなど、出来るはずがない。間違いなく死んでしまうぞ。我等は悪意があって、向かって来ているのではない」と。

Aはその声を聞いたが、振り返ることはなかった。一心に進み、道を念じて行けば、やがてほどなくして西の岸に行き着き、永遠に諸々の難を離れた。善き友と出遇い、よろこび、楽しみが尽きることがなかった。

これは喩《たとえ》である。

ここでいわれるAは、作者の善導さんであり、このたとえ話をたびたび引用している親鸞さんであり、他でもない私自身。つまり、Tであり、Yでもあり、今、この本を読んでくださっている、あなた、でもあるのです。では、他には何をたとえているのか？　先ずは、ポイントとなる点をあげてみます。

①Aが西に向かう
②Aは誰一人いない荒野にいる
③目の前に突然、水と火の河が現れる
④群賊悪獣がやってくる
⑤引き返しても、逃げても、進んでも、死ぬ状態にある
⑥白い道がすでにあることに気づき、一歩を踏み出す
⑦すると同時に、勧める声と喚ぶ声が聞こえる
⑧Aが西の岸に行き着く

これらには、どういう意味があるのでしょうか？　順番に尋ねていきましょう。

①Aが西に向かう

作者の善導さんは、「西岸というは、すなわち極楽宝国《ごくらくほうこく》に喩うるなり」と記しています。極楽宝国とは、阿弥陀さまのお浄土のことです。Aは私自身ですから、「Aが西に向かう」とは、「私がお浄土に向かう」という意味になります。控えめにいっても、意味がよくわかりません。

そもそも、お浄土って何？ 勝手に私をソッチに向かわせんといてと、善導さんに文句のひとつも言いたい気持ちをグッと押さえ、ちょっと考えてみます。

お浄土の対義語は、穢土《えど》です。お浄土が阿弥陀さまの世界なら、仏教では私たちの世界を穢土といいます。聞き慣れない言葉ですよね。だけでなく、私自身この言葉を知ったとき、かなり気分を害しました。「浄《きよ》らかな世界であるお浄土に住んでいる仏さまから見たら、穢《けが》れているように見えるかもしれんけど、うちは一生懸命、生きてんねん！ ひどいわぁ」って。

確かに一生懸命、生きています。自分のため、時には他人のため、いいと思うことを一生懸命。でも、何に一生懸命になっているかというと、自分の都合です。私がいいと思うこと、私がトクすること、私が褒められそうなことに、一生懸命。他人のためといっても、人類全てではなく、私が好きな人や都合のいい人限定です。

すべての基準は自分の都合ですから、当然、時と状況によってコロコロ変わります。イイと思ったことが、ダメなことに。得すると思ったことが、損をすることに。褒められそうなことが、怒られそうなことに。都合のいい人が悪い人に、簡単に変わります。

つまり、一生懸命に右に進んでいても、些細なことで、左に方向転換するようなこともあるんです。もちろん、その逆もあります。左に疾走していたのが、右に急旋回とか。で、右に行ったり、左に行ったりを繰り返し、迷走して迷子に。って、言いましたけど、実は迷子になっていることにも、なかなか気づけないんですけどね。

たまたま気づくことができると、戸惑ってしまう。あれ？ 私はいったいどこに向かっているの？ って。

人生って、何のため？と、人生の目的を探し始めたりもする。全てにおいて恵まれた生活を送っているようなYでさえ、「結局、私は何を目指しているの？ 私の人生は、どこに向かっているの？」という思いがあふれてくる。

これが「一生懸命に生きている」中身であり、結果です。

友人であるYを庇うのでも、私自身もそうだからというのでも、はたまた開き直りでもなく、残念ながら、私たちはそうとしか生きられないのです。

「うちは一生懸命、生きてんねん！ ひどいわぁ」と憤った私ですが、その一生懸命の正体に向き合ってみると、悲しいことですが、確かにここは穢れた穢土です。

それに対してお浄土は、字の通り浄らかな世界です。浄らかというのは、真実ということです。嘘や偽りなどの濁りがないのです。都合によって、あらゆることがコロコロ変わることがないというのは、真実であり、本当の世界です。

そんなお浄土をつくられた阿弥陀さまのことを思う、つまり、阿弥陀という仏を念じる念仏について、親鸞さんはこう仰っています。

「よろずのこと、みなもって、そらごとたわごと、まことあることなきに、ただ念仏のみぞまことにておわします」。これは、フランソワでの会話でも登場した、『歎異抄《たんにしょう》』という書物にのこる言葉です。

「すべてのことは、みんな空言《そらごと》、戯言《ざれごと》。つまり、嘘《うそ》や偽《いつわ》り、中身のないことばかりで、真実ではありません。ただ一つ、お念仏だけは、変わることのない真実です」という意味です。

真実など何ひとつないこの世界で、自分の都合という、コロコロ変わるものを基準にして生きている私たちは、自分でも気づかないうちに、真実の世界を求めているのです。と、言いましたが、真実の世界って、イマイチわからないですよね。それは言葉を変えれば、居場所であり、帰る場所です。

皆さんは、帰る家はありますか？　家がなければ、彷徨《さまよ》うことになります。大事な家族、素敵なパートナーと一緒に暮らす家でも、そこにあなたの居場所はありますか？　何か家の中で問題が起こると、足が重くなり、帰りたくないと思うこともあります。そんな気持ちの問題だけでなく、何らかの事情で建物がなくなるということもあるでしょう。つまり、不変ではないのです。一人暮らし、大家族、関係ありません。持ち家、借家、関係ありません。私たちの家や家庭は、状況に応じてコロコロ変わるのです。

それに対して、お浄土は不変です。私たちのいのちの居場所であり、帰る場所として存在してくれているのです。だからこそ、太陽が沈む西の方角で、帰る場所であるお浄土が表されているのです。そして、この物語は、そこに向かうところから始まります。

それは、「二河白道の譬え」に登場する、人物だけの話ではありません。TもYも、そして私も同じです。時や状況によってコロコロ変わる世間、その世間の価値観に縛られている私たち。いつの間にか、喜びや悲しみの基準も、その価値観に飲み込まれてしまっています。

いただいた尊いいのちさえ、健康か病気か、裕福か貧しいかと、価値づけをする。健康で、裕福なことだけが、人生の目的なのでしょうか。病気で貧しい人生は、価値がないのでしょうか。人生は勝ち負けではないのです。そもそも、他人にも、自分自身にも、評価されるために生きているのではないのです。それが、いのちの事実であり、真実です。つまり、西に向かうところから、この物語が始まるというのは、真実を願うことから、本当のいのちの歩みが始まる、ということなのです。

②Aは誰一人いない荒野にいる

「誰一人いない荒野にいる」という意味の「この人すでに空曠《くうこう》の迥《はるか》なる処《ところ》に至るに、さらに人物《にんもつ》なし」とあるのを、作者の善導さんは「無人空迥の沢《むにんくぎょうのさわ》」といい、「すなわち常に悪友《あくう》に随《したが》いて、真《しん》の善知識《ぜんじしき》に値《あ》わざるに喩《たと》うるなり」と解説します。

親鸞さんは、「無人空迥《むにんくぎょう》の沢《さわ》と言うは、悪友《あくう》なり、真《しん》の善知識《ぜんじしき》に値《あ》わざるなり」と、『愚禿鈔《ぐとくしょう》』に記しています。

でもね、善導さんに、親鸞さん。なんで、涯《はて》しなく、淋しく、人影のない荒野が、悪友なんどすか。なんで、そこ、イコールで繋がるんどす。おまけに、その理由が「真の善知識にあわないから」って……。それって、つまり「荒野＝悪友」で、そうなるのは「善知識」にあわないから、ということどすけど。すんまへん。うち、意味がよぉわからしまへん。そもそも、人っ子一人いない荒野って、なんのメタファーどす。

と、ぶつぶつ言ってしまいましたが、メタファーに関しては、だいたいの見当はつきます。人生が孤独だということ、その孤独が荒野にたとえられるのも、善導さんには失礼な言い方ですが、べタなたとえです。もしかすると、それだけでなく、ＴやＹがいう空しさも、この言葉でたとえているのかもしれません。

そもそも人は、ひとりで生まれ、そして、ひとりで死んでいく。何も持たずに生まれ、そして、何も持たずに死んでいく。死ぬのも孤独、生きるのも孤独です。だからでしょうか、人生そのものを空しく感じることもあります。そう思い込んでいます。でも、本当に果たしてそうなのでしょうか？

残念ながら、事実は違います。早まるな、私！　です。なぜなら、人はひとりでは存在できないからです。望むと望まざるとにおいて、様々な繋がりの中で存在し、他者がいなければ、生きていけない私たちです。

何も持たずに生まれるといいましたが、これも事実とは違います。物質的なものはそうですが、多くの「業《ごう》」を持って生まれてきます。私でいえば、日本人として、京都で、寺の娘に生まれたということなどがそうです。

アメリカに住んでいたときのことです。あるパーティーで、同世代の韓国生まれの女性に絡まれたことがあります。第二次世界大戦中、日本は韓国で酷いことをしたと一方的に罵る彼女に、周りにいた友人たち（韓国系アメリカ人、中国系アメリカ人など）が驚き、「Eriko は何も悪くない」「何もしていないのに、どうして責める」と守ってくれたことがありました。あまりの理不尽さに、怒りよりも、どうして？との思いが湧きあがりましたが、これが業です。日本人として生まれた私に、もれなく付いてくるものです。

けれども、私を守ってくれた韓国系や中国系のアメリカの人たちがいたように、私に日本人という業があるからといって、全ての人が彼女のような行動をとるとは限りません。「日本政府のことは好きではないけど、Eriko のことは好きだよ」と言った、中国本土生まれの友人もいます。ではなぜ、彼女だけが違ったのか。それは、「縁」です。私が気づかなかっただけで、私の言動の何かが、もしくは、私とはまったく関係のない何かが縁となり、日本人として存在している私の業と結びついたのです。

それはまるで、ポットのようなものです。ポットの中のお湯が業で、ボタンが縁です。ボタンを押さないとお湯が出ないように、縁が整わないと、業は表面には出てきません。けれども、やっかいなのは、縁がいつ、どのようにして整うのかが分からないだけでなく、肝心の業に関しても、自分ではどうしようもできないのです。

自分で生まれる場所や環境、時代を選ぶことができないのはもちろんのこと、性別や身長などの体格、遺伝的な病気なども選べません。おまけに、自分の人生なのに、私に何の断りもなく、勝手に始まっているのです。理不尽だ！

ついでに言っちゃうと、業を持って生まれた私たちは、死んだら終わりという人生を生きているのではないのです。親類縁者でもない八〇年近く前の日本人が韓国でしたとされることが、私に関わってきたように、死んで終わりじゃないのです。

ぶっちゃけ話になりますが、弟が「お坊さんが嫌だから、お姉ちゃん日本に帰ってきて寺を継いで」と言って出て行った時、心に引っ掛かったことがありました。それは、その当時、義妹のお腹の中にいた、双子の子どものことです。その子どもたちは、生まれる前から、父親側の祖父母や伯母の存在を奪われるのです。それだけでなく、どれだけ待ち望み、愛されていたのかも知らずに育つのです。これは私の邪推ですが、ひょっとすると、両親の都合によって植え付けられた、会ったこともない祖父母と伯母への憎しみを抱えて生きているのかもしれません。負の感情を与えられ、子どもたちにとっては、とばっちりもいいところです。なんと罪深いことをしてくれたのだと、弟夫婦に対して思いましたが、彼らにも、そうなる業があり、縁があったのです。

そして、私自身、骨を埋めると思っていたアメリカから日本に帰り、寺を継ぐことになったのも、寺の娘だという業と、弟夫婦が寺と両親を捨てたという縁があったからです。

「さるべき業縁《ごうえん》のもよおせば、いかなるふるまいもすべし」。『歎異抄』にのこる、親鸞さんの言葉です。業と縁が結びついた時、この私は、どんなことをするかわからないという言葉は、人間の本当の姿を言い当てています。

弟のためなら喜んで死ねると思っていた私に、弟を殺したいという思いが起こされたように。この私は、信用できない、アテにできない、何をしでかすかわからない、危うい存在なのです。けれどもそのことに、自分では気づけないのです。その証拠に、私は弟夫婦が寺と両親を「捨てた」といいました。明らかな私の主観です。家財道具と共に寺を出たという事実があるだけなのに、その事実を事実として見ることのできない私がいるのです。そして、事実を見ることができていないことに、私自身、気づいていないのです。そんな私が自分の危うさに気づけるとは思えません。

さて、自分たちが生まれる前に起こった、自分たちの預かり知らぬことを業として内包し、生まれてきた弟夫婦の子どもたち。その業は、弟夫婦や私の両親、そして私が死んでも、なくなりません。これが、私たちのいのちは、死んで終わりといったものではないということです。

だから、何も持たずに生まれ、何も持たずに死んでいくというのは、事実ではないのです。


同じように、ひとりで生まれ、ひとりで死んでいくのも、事実ではありません。

人は誰一人として、自分の意思で、ひとりで生まれてくることはできず、たとえ荒野で野垂れ死にをしたとしても、マンションの一室で死後、何日かして発見されたとしても、ひとりで死んだとはいえないのです。

確かに、物理的には一人で死んでいます。世間の言葉を借りれば、孤独死といえるかもしれませんが、失礼な言い方です。何も知らないのに、他者が勝手に決めつけているのです。人はいつ孤独を感じるのでしょうか？　一人でいる時ですか？　大勢、人がいるのに、孤独を感じたことはありませんか？　学校や職場で、もしかしたら家庭で、人がいるのに感じる孤独。人は、一人だから孤独なのではないのです。他者と関わることが出来ない時、言い知れぬ孤独に襲われるのです。

なぜなら、私たちは繋がりの中でしか、存在できないからです。空気がないと生きていけないように、人との繋がりは私たちの存在の根幹に関わります。
『仏説《ぶっせつ》無量寿経《むりょうじゅきょう》』というお経さんに、「如来所以興出於世《にょらいしょいこうしゅつおせ》　欲拯群萌恵以真実之利《よくじょうぐんもうえいしんじつしり》」という一節があると、親鸞さんは『一念多念文意』に記しています。「如来さまがこの世に出られたのは、真実の利益によって、よろずの衆生をめぐみ救わんとおぼしめしてです」といった内容ですが、注目したいのが、「群萌《ぐんもう》」という言葉です。

親鸞さんが、「よろずの衆生」のことだと説明してくださっているように、生きとし生ける者という意味で、私たちのことを指します。では、お経さんに頻繁に登場する「衆生《しゅじょう》」や、一般的な言い方である「人々」や「人間」ではなく、お釈迦さまが「群萌」と、ここで説かれたのはなぜでしょうか。

「群萌」とは、雑草が群がって生えている様子に、私たちをたとえた言葉です。雑草を一本だけ抜こうと思って引っ張っても、他の草も一緒に抜けてしまうように、表面的には独立した草のようでも、根っこで繋がっています。それと同じで、私たちもひとりひとり、個として存在しているように思っていますが、繋がっているのです。

そして、私たちが悲しみ、苦しみ、迷い、悩むのは、他者との関わりにおいてです。繋がりの中でしか存在できず、けれども、その繋がりによって悩む私たちを救うために、「真実の利益《りやく》」である教えを説くために、如来さまは世に出てくださったのです。だからここでは「群萌」として、どういった者が救いの対象になるのかを、ハッキリと示す必要があったのです！　と、アツく語ってしまいましたが、言いたいことはとってもシンプル。

私たちがひとりで生まれ、ひとりで生き、そしてひとりで死んでいくということは、事実ではないということです。なのに私たちは、その事実に目を向けず、勝手にひとりだと思い込んでいます。そして、そのことが「無人空迴の沢《むにんくぎょうさわ》」にたとえられているのです。つまりここでたとえられているのは、人生は孤独だということではなく、孤独だという自分の思いの殻の中にいる、ということです。でも、ちょっとわかりにくいですよね。


こんなことがありました。これは私の友人の話です。職場の上司に恋をした彼女。彼のことが好きすぎて、他の人とはデートできないと、学生時代からの彼氏と別れました。かといって上司を、その彼女から略奪しようという思いもなく、ただ好きだと一途に片想い。そんな状態が五年ほど続いたある日、まさかの出来事が起こります。一緒に行った出張で、ホテルの部屋がたまたま隣になったのです。なんたる僥倖。仕事が終わり、一緒に夕食を食べ、ホテルに戻ってエレベーターに乗った時に、同じ階だと知ったそうですが、まさか部屋まで隣だとは思わなかったそうです。国際会議が行われるような大型ホテルで、そんな偶然は起こらないと。

けれども、エレベーターを降りて、廊下を進むのも同じ方向。そして、立ち止まった部屋が隣同士。お互いに顔を見合わせて、驚いたそうです。私の友人も上司もお酒好き。「部屋で一杯、飲み直します？」と言いたいのに、考え方が古いのか、女の自分から誘うのは下品に思えて、言葉が出せない。顔を見合わせたまま心の中で、「部屋で一杯、飲み直すか?」と上司が言ってくれるのを待ったけど、何も言わない。まるで軽い膠着状態のようになったので、彼女は「おやすみなさい」と言ったそうです。何か言葉を発することで、それが呼び水になり、「どうする、飲み直すか?」といった言葉が、上司の口から出てくるのではと、そんな期待を込めて、念じるように出した一言でした。

けれども、一呼吸置いて返ってきたのは、「おやすみ。明日もよろしく」。重くて分厚い舞台の緞帳が、二人の間に下りたかと思ったと彼女。それでも、ドアの向こうに行くまでは、まだわからない。カーテンコールがあるかもしれない。幕は再び上るかもしれない。声をかけてくれるかもしれないと、ゆっくりと時間をかけてドアノブに手を伸ばしながら上司の方を見たそうです。

さすが五年も片想いできるほどの忍耐力の持ち主、最後まで諦めません。すると彼は、彼女の方を見ることもなくドアを開けると、サッサと中に入っていったそうです。わずかに下を向いた横顔が、最後までこちらを向かなかったことに、冷たさと強い拒絶を感じた彼女は、緞帳ではなく、氷山のクレバスを二人の間に見たと言っていました。

その半年後、上司は長く付き合っていた彼女と結婚。私の友人も、氷の亀裂のような隔たりを見たら、もう無理だと思ったと、その一年後に仕事を辞めて渡米。友人とは、他でもないYのことです。それから一五年以上経ち、出張でサンフランシスコを訪れた元上司と会ったYは、衝撃の事実を知らされます。

実は上司も彼女のことを好きだったと。

　偶然にも部屋が隣だとわかった時、これは神様の計らいだと思ったというのです。今は上司の妻となった女性と、なかなか結婚しなかったのは、Yの存在が大きかったと。しかも当時は、その女性と距離を置いていたというのです。そんな中で起こったこの出来事は、彼にとってもまさに僥倖。神様が、付き合っている彼女ではなく、Yの方を選べと言っているかと思ったと。「部屋で飲み直そう」と言おうとして、ふと自分の立場に気が付いた。上司と部下である。これって、もしかして、パワハラ？　セクハラ？

　元々あった恋心に、部屋が隣になったという偶然が重なり、一人で盛り上がったが、あやうく犯罪に走るところだったと、愕然、呆然。目の前にいるYの顔が、見えなくなったそうです。

　そこで耳に入った「おやすみなさい」の声は、「あなたとのお付き合いは仕事上だけのこと。プライベートでは、お付き合いしませんよ」との宣言に聞こえ、自分がしようとしていたのは、パワハラでありセクハラだったと確信。儀礼的なYの挨拶と、犯罪を犯しかけた自分自身にショックを受け、言葉も出せない。

　それでも、なんとか「おやすみ」と絞り出し、上司としての威厳を保つため「明日もよろしく」と言った。たとえ一瞬でも盛り上がった自分が滑稽で、憐れで、恥ずかしく、部下に合わせる顔がないとうなだれ、ドアノブに手をかけ、逃げるように部屋に入ったというのです。

　なんたることー！　両想いだったのにー！　と、この話を笑い話にできたのは、Yも、その上司も、今のパートナーとの生活が満たされているから。焼け木杭に火がつくというような、昼メロ的展開にはならず。せつないけど、いい恋愛だったねと、お互いに過去を懐かしんだというのです。メデタシ、メデタシ。では、なくて！　これが、自分の思いの殻の中にいるという状態なのです。

実際に顔を見て、言葉を交わしている。そうして、他者と関わっていても、自分の思いで他者を見て、他者の言葉を聞き、他者を判断している。うつむいてドアノブに手をかけた本人は、部下に合わせる顔がないというなだれたに過ぎないのに、それを冷たさと拒絶だと受け取ったY。

これは、恋愛ドラマによくある、行き違いや思い違いといったことではありません。恋愛だけでなく、友人関係、仕事で、そして家族の間でも起こります。いえ、そんな限定的な話ではありません。私たちは、自分の思いの中で生活し、生きているのです。つまり他者と接しながら、自分の思い込みで他者を見て、自分の都合で他者の言葉を聞いている。

顔を突き合わせているのに、会話をしているのに、自分の思いの殻の中にいるから、本当の意味で他者と出会っていない。他者といながら、真に他者と関われない。だから、孤独なのです。

私たちは生まれてから死ぬまで、ずーっと、自分の思いの殻の中にいます。そこから出ることはできません。そればかりか、そこにいることさえ気づいていません。

例えば、先に登場した上司は、部屋が隣だとわかった時、神様の計らいだと思ったといいます。では、本当に神様がいたのでしょうか？　自分の思いの殻の外に神様がいて、どっちの女性と付き合えばいいのか、決めてくれたのでしょうか？

違います。神様といっていますが、その正体は上司自身です。彼の思いの殻の中で、彼の心が作り出した神様です。そして、彼が考えた、彼にとって都合のいい救いを与えてくれるのです。結局のところ、自分の思いの殻の中での出来事です。何もこれは、彼だけのことではありません。

先日、テレビのインタビュー番組で、「英月さんが描く世界とは？　このような世の中になればいいなという思いを、お聞かせください」と質問を受けた私は、思わず「恐ろしい！」と言ってしまいました。なぜなら、私が思い描く理想の世界は、私にとっては都合のいい世界でも、他者にとって、いい世界とは限らないからです。「よかれと思って」他者を傷つけるように、私の理想の世界は、私の欲や私が思う正義に満たされた世界。ハッキリ言って、私の極楽、他人の地獄です。

というように、自分の思いの殻の中にいる私たちは、自分の思いや都合といったものを、どこまで行っても、切り離すことができないのです。どれだけ志高く、慈悲深く、公明正大、世のため、人のためであっても、です。

言い換えれば、それは全ての根拠を自分にしているということです。

「そんなことないよ！　仏さまにおまかせしてるもん！」。そう仰る方も、おられるかもしれません。けれども、その仏さまは、あなたが選び、あなたが信じ、あなたが任せた存在です。その根拠となり、頼みとしているのは、他でもない自分自身の判断であり、経験であり、思いです。だから、おまかせしたといっても、Yの元上司が作り出した神様と、何ら変わらず、自分の思いの殻の中に、仏さまを思い描いたにすぎないのです。

そもそも仏教は、最初に教えを明らかにしたお釈迦さまを、目覚めた人という意味があるブッダと呼ぶように、目覚めを説きます。それは、いのちの目覚めです。

え？　どういうこと？　そんな言い方されたら、なんか私のいのちは目覚めてへん、寝てますよーって、言われてるみたいで、感じ悪いわ。そう思われるかもしれません。でも、そうなのです。生れてから死ぬまで、自分の思いの殻の中にいながら、そのことに気づかず、事実を事実として見られず、聞けず、他者とも、自分の思いの殻の中でしか、関わることができずって、ねぇ。生きながら夢の中にいるようなものです。そんな私たちに、「自分の思いの殻の中にいますよ」と、喚びかけ、目を覚まさせるのが仏教なのです。


さて、「誰一人いない荒野にいる」という意味の「無人空迥の沢《むにんくぎょうのさわ》」。これを私は、生まれてから死ぬまで、自分の思いの殻の中にいる、だから孤独だということをたとえていると受け止めました。「無人空迥の沢」は「二河白道の譬え」にある「この人すでに空曠《くうこう》の迥《はるか》なる処に至るに、さらに人物《にんもつ》なし」を、善導さん自身が解説したところに書かれている言葉です。

ここにある「空曠」、これを興味深い言葉で解説したのが、江戸中期の学僧・義教《ぎきょう》さんという人です。「娑婆の迷境《めいきょう》すべて実体なし。ゆえにたとえて空《くう》という」と記しています。つまり、私たちが生きているこの穢土（娑婆）は、すべて実体がないというのです。

私たちは、何を求めて生きているのか？　突き詰めればそれは、幸せになりたい！という思いが、大きいのではないでしょうか。Tを引っ張り出して申し訳ないですが、彼女は〝銀行〟と結婚できれば幸せになれると思っていました。だからこそ、努力に努力を重ね、それだけでなく、金銭的にも、精神的にも、多くの犠牲を払いました。なのに、苦節一四年、晴れてプロポーズされたTは、幸せではありませんでした。あれだけ渇望した幸せを手にした瞬間、その幸せは消えてしまったのです。それだけでなく、空しさに包まれた。

Yもそうです。イノダコーヒの鞄カゴに無造作に放り込んだ、一万五千ドルもするエルメスの鞄。昨年、会った時は、買ったばかりのその鞄を丁寧に扱い、嬉しそうに見せてくれていたのに、時間が経てば無下な扱い。そうして、また新しい鞄が欲しくなり、手に入れ、束の間喜び、また新しいものが欲しくなる。だから、サンフランシスコのYの家には、高級バックがゴロゴロ転がることになるのです。って、私がいうと、羨ましがっているみたいですね。まぁ、ぶっちゃけ羨ましいのですが。でも、いったい何が幸せなのでしょう？　これが手に入れば幸せになる、そう思った物や立場を追い求めても、手にしたとたん、消えてしまう。実体がないのです。

子の成長を願う親を表す言葉に、「這えば立て、立てば歩めの親心」というのがあります。ハイハイをしただけで喜んでいたのに、次は立ち上がることを願う、そして次は歩いてほしい。ひとつ叶えば、もっと、もっと、と思う。幼稚園、小学校、中学校と進み、高校受験。いい高校に進学してほしいと思う。それが幸せだと、心から願う。高校に入学すれば、次は大学。親だけでなく、本人も願う。いい大学に入学できれば、いい就職もできる。この先の人生の幸せは、大学受験で決まる。そして、晴れて合格。ではこの先、ずっと幸せかといえば、そうではなく、就職活動に精を出す。いいところに就職できないと、幸せになれないと。いいところに就職できたとしても、次は社内で認められないと幸せになれない。いい人と結婚して、いい子どもたちに恵まれ、いい家庭を築かなければ幸せになれない。どこまで行かはんの？　です。

手にしたとたんに消えてしまう幸せ。だから、次の幸せ、また次の幸せと求め続ける。そうして、幸せを追いかけているうちに、与えられたいのちの時間が終わってしまう。あれ？　私の人生、何だったんだろうって。

「空しくない？」。そんなYの一言によって、今まで漠然と感じていた空しさと向き合うことになった私たち。過去や未来、自分自身に対して空しさを感じていたと思っていたけれど、実は幸せを願うという、当たり前のことさえ、空しさに繋がっていたとは……。はぁ。

好きな人と結婚できれば、欲しい鞄が手に入れば、いい学校に入学できれば、いいところに就職できれば、世間に認められれば、お金があれば、健康であれば、長生き出来れば、幸せになれる。まるで実体があるかのように、追いかける。けれども義教さんが、「娑婆の迷境《めいきょう》すべて実体なし」といったように、実体などないのです。それは親鸞さんの「よろずのこと、みなもって、そらごとたわごと、まことあることなきに」とも重なります。すべてのことは、みんな空言、戯言。つまり、嘘や偽りで中身がなく、真実ではありませんよって、ことです。

穢土に生きる群萌である私たちは、自分の思いの殻という、分別《ふんべつ》の殻から一歩も出られないのです。だから、実体がなく、真実もない。おまけに真に他者と関われず、生れてから死ぬまで、殻の中で、ずっと独り。生きながら眠り続けて、夢の中。時々、悪夢を見たかのように、孤独だ、空しい、人生が行き詰ったと悲嘆に暮れる。自分の思いの殻の中にいるのであれば、孤独や空しさも実体がないはずなのに。本当のところは、私たちは殻から出たくない、目覚めたくない。自分にとって都合のいい夢を、ずっと見ていたいのです。だって、誰が本当のことを知りたい？

Yと元上司は、知ってよかったと喜んだ。本当のことを知り、過去の苦い恋愛が、いい恋愛に変えられた。けれども、それは希なケース。例えば、Tに初めて〝銀行〟を紹介された時、失礼にも私は、軽薄な優男だと思った。けれども口から出たのは、「素敵な人ね、優しそうで」だった。嘘はついていない。素敵は余計だったけど。だって、本当のことを伝えたり、伝えられたりすることで、人間関係が壊れることだってある。それは、友人関係、恋愛関係、仕事関係、家族関係、どれにでもいえる。

「本当はどうなんだろう？」と、興味を持ち、知りたいという気持ちはあっても、真実ほど恐ろしいものはない。だから、他人の真実の姿を見たくないし、自分の真実の姿は、もっと見られたくない。

この本を書いている今、もし今の私の姿が動画配信されたなら、私の人生は終わる。知ったところで誰も幸せにならないから詳細は控えるが、まぁ、すごい姿でパソコンに向かっている。おまけに、部屋の惨状はといえば……。部屋の状況ではない、惨状だ。悲しいが、タイプミスではない。と、いった見掛けの姿だけでなく、何を感じ、何を思い、何を考えているのか。辛く悲しく傷つくような真実よりも、甘美な嘘とまではいわなくても、自分の思いを信じて、生きていきたい。夢の中にいたい。そんな思いが何十、何百、何千と層を重ね、私を包む思いの殻は、ますます大きく、頑丈になる。はぁ。

アカンやん。空しさの解決どころか、私の人生、夢の中って、生きているのに生きていない。生れてからかなりの時間が経っているけど、まだ人生が始まっていない、そんな、モヤモヤ感。ほんま、はぁです。ため息が出ちゃう。

ちょっと待て！　早まるな、私！　大事なことなので、もう一度言います。早まるな！　です。

「二河白道の譬え」を丁寧に読むと、その手掛かりがあります。こんなことをTに言うと、「古代の秘密の文書だから当然！」と言われそうだけど、すごいことがサラッと書かれているのです。それは、冒頭の一文。「譬《たと》えば、人ありて西に向かいて行かんと欲するに」の「人ありて」です。

え？　これの、どこが？　って、思いますよね。

これね、男の人でも、女の人でもないんです。ましてや、王様でも、修行者でも、求道者でもない。意地悪な言い方をすれば、この書き方は物語としてはダメです。その人の属性がわからないから、イメージできない。性別、年齢、身体的特徴、社会的立場、一切の情報がなく、「人」だけです。これは、どういうことなのか？

プロファイル好きのTではないですが、これを書いた善導さんの文章力に問題があるのか？　そうではありません。必要じゃないからです。つまり、ここで大事なのは、「人」ということなのです。特別な誰かであるとか、特定の人ではなく、「人」という存在が問題になっているのです。その「人」に、「西に向かいて行かんと欲す」ということが起こったのです。

①で、「西に向かうところから、この物語が始まるというのは、真実を願うことから、本当のいのちの歩みが始まるということ」だといいました。つまり、人が真実を願ったところから、このたとえ話は始まっているのです。でも、矛盾がありますよね。群萌である私たちは、自分の思いの殻の中にいて、殻の中にいることに気づいていないだけでなく、その殻から出たいとも思っていない。そんな私たちを、群萌という説明が加味された表現ではなく、極限までシンプルにした「人」として、ここでは押さえているのです。

そしてその「人」は、「真実を願う」のです。つまり、「真実を願う」のは、人の根源的な願いなのです。突然、何の予告もなしに始められた、この人生。スタート時点から、場所も時間も環境も選べず、理不尽極まりない。その中で、人は、何を求めて、どこに向かっているのか？　何が本当の幸せなのか？　幾重にも重なった自分の思いの殻が破られた時、本当の私が求めているのは真実だというのです。

でもね、そんなことはない。それは理想です。昔話に登場する、大きなつづらと小さなつづら、どっちを選ぶ？ではないですが、目に見えない真実が入った箱と、お金やご馳走や素敵な殿方が入った箱、どっちを選ぶ？と聞かれたら、クラウチングスタートで後者の箱に飛びつきます。それが、私です。

ハッキリいって、真実を望むことなど、私からは出てきません。どれだけ仏教書を読み、大学院で聴講生として学び、こうしてわかったフリをして本を書いていますが、真実を求めて本を書いているのではありません。物心ついた頃からの本好きで、物書きになるのが夢だった。それは本当です。出版社の方からお声がけをいただいたから、誠心誠意、向き合っています。これも本当です。ありがたいことです。でもね、一言に集約すると、功名心です。それが証拠に、本が出版されて、いつも気になるのは書店での扱いと、発行部数です。そんな私を裏返しても、逆さにしても、真実を望むということは、どこにも見当たらないのです。

なのに！　そんな「人」が、「西に向かいて行かんと欲する」というのです。自分からは、西に行こうという思いなど、五百回生まれ変わっても出てこないのに、そんな思いが起こされるのです！　否！　善導さんは、起こされたというのです。そして、親鸞さんも、起こされた。それだけでなく、「人」に起こされると伝えたかった。だから、このたとえ話が生まれたのです。

つまり、TやYや私に、そして、あなたにも、です。では、真実を求めたら、どうなるのか？それが、次の③「目の前に突然、水と火の河が現れる」ということです。これは、後ほど尋ねていきましょう。

ではここで、②「Aは誰一人いない荒野にいる」の課題について簡潔に。

私がぶつぶつ文句を言っていた、なぜ「荒野＝悪友」なのか？と、その理由が、なぜ「善知識《ぜんじしき》」に遇わないからなのか？について。

まず、善知識ですが、これは、正しい教えを説き、仏道に導いてくれる人のことで、善友《ぜんう》ともいいます。ザックリ言っちゃうと、「正しい教え」とは「真実」なので、「正しい教えを説く」とは、「真実を教える」ということ。つまり、思いの殻の中にいることを教えてくれる人であり、夢の中で生きている私を、目覚めさせてくれる人が善知識です。

その人に遇えないというのが、ポイントなのですが、なぜ遇えないのかというと、私たちは、荒野で表される自分の思いの殻の中にいるからなんです。では、その荒野が悪友と「＝」なのは、なぜか？

悪友とは、正しくない道を信じ他人にも正しくない教えを勧める友達のことですが、自分の思いの殻の中にいて真実に出遇えず、真実を知らないから、そうなってしまうのです。「本当のことがわからないと本当でないものを本当にする」という、仏教学者・安田理深《やすだりじん》の言葉が重なります。正しい教えがわからないから、正しくない教えを正しいものにする。そして「よかれと思って」大真面目に他人にも勧める。自分では「善友」のつもりで、「悪友」になっているんです。おぉ、怖い。

おまけに、気づかせてくれる善友に遇えないから、その状態のまま。だから、「悪友＝自分の思いの殻の中＝荒野」。でもね、実は荒野にいることにも気づいていないんですよね。だって、自分が自分の思いの殻の中にいるって、わからないですもん。

さて、空しい、孤独だ、人生に行き詰まった、これからどうしたらいい？　私の人生、どっちに向いて進んだらいいの？　と歎く私たち。でもね、真実を教えてくれる人は、実は目の前にいてくれるのです。私の思いという殻の中にいるといいましたが、それをさらに包み込む、大きなはたらきがあるのです。でも、わからない。

「起きてください」と、喚びかけられているのに、気づけない。それはまるで、ヘッドホンをつけて自分の好きな音楽を聴いているから、外からの呼びかけが聞こえないのに似ています。それが、②「Aは誰一人いない荒野にいる」ってことなのです。

それはまさに、「空しくない？」と言ったYであり、「空しい」と涙したTであり、二人によって、隠していた空しさに向き合わされた私です。私たちは今、荒野に一人です。でも、いまここで、荒野だと気づかされたということは……。さぁ、物語の始まりです。

③目の前に突然、水と火の河が現れる

次は、「目の前に突然、水と火の河が現れる」について。ここでのポイントは二つ。

（1）目の前に突然、現れるって、何のメタファー？

（2）水と火の河は、何のメタファー？

まず、（1）目の前に突然、現れる。

善導さんは、「人ありて西に向かいて行《ゆ》かんと欲するに百千の里ならん、忽然《こつねん》として中路《ちゅうろ》に二つの河あり」と記しています。

この「忽然」は「突然」という意味なので、突然、目の前に河が現れたということになります。そんな大きな河があったのに、気づかんか？　どこ見てたんや！　と、言いたいところですが、見ていなかったのです。

先ほどのヘッドホンじゃないですが、自分の思いの殻の中にいる私たちは、自分にとって都合のいいことだけを聞き、そして見ているからです。

ところで、「西に向かう」とは、そんな私たちに「真実を求める心が起こされる」ということで

したが、起こされたら突然、河が現れた。このわけのわからない話を、先ほどのたとえに重ねます。ヘッドホンで音楽を聴きながら、ご機嫌さんで自転車を走らせていたとします。ふと、真実を求める心が、起こされたとしましょう。すると、ヘッドホンが消え、突然、外の音が聞こえます。そこで気づかされるのは、ぜんぜんご機嫌さんじゃない現実です。うわ！　後ろから、トラックにパッシングされてるやん！　ひかれて死ぬ！　そんな本当の自分の姿が、ハッキリと見えるのです。そうなんです。突然、河が現れるとは、真実を求めたら、本当の自分の姿が見えちゃった、ってことなんです。では、本当の自分の姿って？　というのが、二つの河で表されています。

(2) 水と火の河って、何のメタファー？

三条大橋を渡りながら、Tがしきりに何のメタファーかと気にしていた深い水の河と火の河。善導さんは、水の河は「貪愛《とんない》」、火の河は「瞋憎《しんぞう》」をたとえているといいます。「貪愛」は、「貪欲《とんよく》」ともいって、もっともっとと、貪《むさぼ》る心。「瞋憎」は、「瞋恚《しんに》」ともいって、怒りや憎しみの心。これに、真実に無知だという意味の「愚癡《ぐち》」が加わって、「三毒《さんどく》の煩悩」。私たちの根本的な煩悩とされています。と、言ったけれど、本当はちょっと違うかな。

なぜなら、私という存在があって、そこに付属品のようにくっついているのが煩悩だと、イメージしてしまうかもしれないから。それ、違いますから。貪欲・瞋恚・愚癡、この三つに満たされた存在に名前をつけたら、私になっただけ。

それが証拠に真実を求めたら、目の前に二つの河が突然現れたのです。そう、本当の私の姿が、貪欲を表す水の河と、瞋恚を表す火の河でたとえられているのです。

でも、ちょっと、気になりません？　怒りや憎しみが、燃え盛る火にたとえられるのはわかるけど、貪る心が冷たい水にたとえられているのはなぜ？って。

〝銀行〟の愛情を、もっと、もっとと、熱望していたTではないですが、愛してほしい！　反対に、愛したい！　そんな気持ちが、なぜに冷たい水？って、思いますよね。愛情だけでなく、認めてほしいとか、何かを、もっと欲しいと思う。それのどこが冷たいの？って。

「可愛さ余って憎さ百倍」という言葉があります。愛したい！　愛してほしい！　その気持ちが叶わなくなった時、どうなります？　恐ろしいことですが、いとも簡単に、愛が憎しみに変えられます。恋愛関係、親子関係、仕事関係、どんな関係であっても、です。愛する思いが深ければ、憎しみもまた深く、そして冷たい。とても、冷たい。だから、水なのです。

それだけではありません。他者への愛の根っこにあるのは、自分自身への愛です。ある人の話です。大恋愛の末に結婚した半年後、男性が事故に遭い、病院に担ぎ込まれたそうです。パートナーである彼女が、知らせを受けて真っ先に思ったことは、保険に入っていてよかった。そう思って、ホッとして、そして恐ろしくなったと。なぜなら、最愛の人が生きるか死ぬかの瀬戸際に、自分のことを考えていた。そんな自分が恐ろしくなったと言っていましたが、まさにそれが水の河で表される人間の冷たさであり、本当の自分の姿です。

ところで、貪欲を貪る心だと言いましたが、言葉を変えると、しがみつく愛着や欲望ともいえます。またTを引っ張り出すのも心苦しいですが、彼女自身が言っていた〝銀行〟への思いが、まさにそれです。

出会った頃は純粋に恋をしていたけれど、いつの間にか固執し始めたと。奥さんに勝ちたいとの思いや、かけた時間を無駄にしたくないとの思い。それらを、自分にとって大事なものだと思い込み、しがみつく必要のないものに、必死にしがみ続けていた。それはTだけではありません、誰でも似たり寄ったりのことをしています。それが真実に暗いという「愚癡」です。

これは瞋恚にもいえます。私たちが怒り憎しむのは、自分の思い通りにならない時です。わざわざ言うことでもないですが、すべてが自分の思い通りになるハズがありません。そんなこと、わかり切っているのに、縁が整うと怒ってしまう。時には、憎しみの心までもが顔を出す。それは、真実に無知だからです。わかり切っていると言いましたが、実は、わかったつもりになっているだけで、本当はわかっていない。だから愚癡、愚かなのです。

もっと愛して！　もっと認めて！　もっとちょうだい！　もっと、もっと、と思う。それが得られないと、裏切られた！　私を正しく評価して！　ケチ！　と、怒る。そしてまた、もっと愛して、ちゃんと認めてと、得ようとする。寄せては返す波のように、貪欲《とんよく》と瞋恚《しんに》が交互に休みなくやってくる。

「その水の波浪《はろう》交わり過ぎて道《みち》を湿《うるお》す。その火焔《かえん》また来りて道を焼く。水火あい交わりて常にして休息《くそく》なけん」と、善導さんが言う通りです。

その水と火の二つの河の間にある、白くて細い道は百歩《ひゃくぶ》。三条大橋のたもとで、TやYに、百歩とは人の一生のことですよ。そう親鸞さんが『愚禿鈔』という本に書いてますよと言いましたが、それは私たちの中で貪欲と瞋恚が、一生の間ずーっと、渦巻いているということ。貪欲と瞋恚に満たされた存在を私と呼ぶから、当然といえば、当然ですが。

フランソワでも話していましたが、親鸞さんは『一念多念文意』という本で、私たちは「欲もおおく、いかり、はらだち、そねみ、ねたむこころおおく」、おまけにそれは絶え間なく、臨終の間際まで「とどまらず、きえず、たえず」と書いています。

②で、「人」と書かれているだけで、その人の属性がわからないと言いましたが、実は二つの河でハッキリと、「人」とはこうだと押さえられているのです。それは「人」の事実であり、真実の姿です。

さて、アメリカに住んでいた時に、こんなことがありました。女友達の一人が、デートをすることに。初デートは楽しかったらしく、もっと彼に会いたい、もっと一緒にいたいと、その後も積極的にアプローチ。けれども、返事はかんばしくありません。自分が思うようなスイートな言葉が彼から聞けず、悲しみが、怒りに変わったのか、「Why?　一緒に食事に行く時間がない？」と、私たちに八つ当たり。仕方がないので「仕事が忙しいんじゃない？」「彼も本当は会いたいと思ってるよ」と、慰めます。すると、そこにいたゲイの友達が一言。「彼はあなたに興味がないのよ」。もっともっとと思う貪欲が叶えられないと、瞋恚に変わります。それは、真実に無知な愚癡だから。この場合の真実は、誰の目にも明白です。「彼は彼女に興味がない」。けれども、真実は人を傷つけます。だから私たちは、良かれと思って、希望的観測の話をします。良かれと思って、彼女の目を覆い、真実を見せないようにするのです。それが、次に出てくる、「群賊悪獣」です。

④群賊悪獣がやってくる

「空しくない？」。そんなYの一言によって始まった、今回の一連のお話。それは、空しいという「果」から、「因」を尋ねる作業です。事実としての「果」から、なぜ空しいのか？　なぜこうなったのか？　を尋ねていくことで、「因」が明らかにされる。

それによって、今の「果」に納得ができる。つまり、今の自分の置かれている状況に、納得ができるのです。言葉を変えると、受け入れられる。受け入れられずとも、頷かずにはいられない。つまり、腑に落ちる。といっても、イマイチわからないですよね。

図式にする必要もないかもしれませんが、それは「果としての今の状況」→「因は何か？」です。

私たちが普段する発想は、この逆ではないかなと思います。「あの時、ああすればよかった」「あの人が、あんなことをしたから」、よく聞いたり、言ったりする言葉です。これは、「因がこうだった・こうだったら」→「果はこうなった」。逆なんですね。

そして、当然のことながら、これだと納得なんてできない。どんなに歎いても過去には戻れないのに、「嗚呼、あの時……」と、いつまでも悔やみ続ける。この場合の因も果も、想定であったり、希望であったり、自分の思いの殻の中です。

Yと元上司の話をしましたが、もしYがまだ彼に恋心があったなら、「あの時、勇気を出して誘えばよかった」と悔やんだはずです。けれども実際は、Yも元上司も、今のパートナーに満足しています。その状態を果として因を尋ねると、ホテルの部屋が隣同士になった時、一緒に部屋で飲み直さなくてよかった、になります。

それは、その当時のお互いの感情とは違います。部屋が隣だと知った時、声には出さずとも、お互いに僥倖だと喜んだ。そして、お互いが、相手に拒絶されたと思い込み、傷つき、悲しんだ。けれども、今現在の果に立って因を尋ねると、傷つき、悲しんだ、あの出来事のおかげで、に変えられるのです。

なぜなら、あの時、恋が成就していたら、今の二人は存在していないからです。つまり、辛い恋愛が、いい恋愛だった、に変えられる。過去は、変えられてしまうのです。

さて、この果から因を尋ねるということが、「二河白道の譬え」の出発点です。一人の人が西を目指すところから、このたとえ話は始まりました。空しいという果から、そうなった因を尋ねる歩みです。

それは、真実を求める歩みです。それによって知らされるのは、自分は自分の思いの殻の中から、一歩も出ることができない存在だということです。そして、本当の自分の姿を知らされます。本当の姿とは、百歩《ひゃくぶ》の幅の水と火の河にたとえられるように、この私は「貪欲」と「瞋恚」によって形成された存在だということです。

私たちが仏教といっている、お釈迦さまが明らかにされた教えは、難しいお経さんを理解することが大事なことではないのです。もちろん、できるに越したことはないですけど、でも、教えによって明らかにされるのは、仏さまのことではなく、自分自身なんです。

この自分という存在が知らされることが、教えを聞かせていただく一番の目的であり、大事なこと。

善導さんは、「経教はこれを喩うるに鏡のごとし」という言葉を残しておられます。これは、お経さんに説かれている仏さまの教えは、鏡のようなものですよ、という意味です。私たちは出掛ける前や、人前に立つ時、鏡を見ます。さっき食べたチョコレートが、ほっぺたについていないか？と。それと同じで、まるで鏡のように、仏さまの教えによって、本当の自分の姿が知らされるというのです。

さて、「二河白道の譬え」に登場する様々なものを順番に、①Aが西に向かう ↓ ②Aは誰一人いない荒野にいる ↓ ③目の前に突然、水と火の河が現れる、これらでたとえられているのは何かと、尋ねてきました。

ここまででたとえられていることは、真実を求める気持ちなど出てこないはずのこの私に、その気持ちが起こされたこと。それによって、自分の本当の姿が知らされたということです。この流れで次にくるのが、④群賊悪獣。ここでは、③で押さえられた自分というものが、さらに掘り下げられます。

さて、群賊悪獣は、たとえ話の中で二回登場します。Aが荒野に独りいるのを見て、殺そうと襲ってくるシーンと、白い道を歩き始めたAに、甘い言葉で戻って来いと呼びかけるシーンです。善導さんは、最初のシーンを「群賊悪獣詐《いつわ》り親《したし》む」とし、次のシーンを「あるいは行くこと一分《いちぶん》二分《にぶん》するに、群賊等喚《らよ》び回《かえ》す」とします。ではいったい、群賊悪獣とは何をたとえているのでしょうか？

大行寺に残る「二河白道の譬え」の版画。ここに描かれる群賊悪獣は、鎧を身につけ、手に太刀《たち》や槍《やり》、そして矛《ほこ》を持った恐ろしい形相の、武士と思われる六人が前後に三人ずつ並んでいます。

彼らの間には、大きな虎と、犬らしき動物。共にAに飛びかかろうとし、目を見開き、口を開け、唸り声まで聞こえてきそうな恐ろしさ。その足元には、舌をチロチロと出した蛇までいます。そこに書かれているのが、「六根《ろっこん》・六識《ろくしき》・六塵《ろくじん》・四大《しだい》・五陰《ごおん》」の文字。

それだけではありません。彼らの後ろに、身なりのいい僧侶が二人、立っています。一人は、右手を前に出し、呼びかけているようにも見えます。そんな彼らの上にも、文字が書かれています。「別解《べつげ》・別行《べつぎょう》・悪見《あくけん》の人」と。これらの絵は、善導さんの解説を基にして描かれています。では、いったい善導さんはどのように解説したのでしょうか。

最初のシーンに対しては、「群賊悪獣 詐《いつわ》り親《したし》むというは、すなわち衆生の六根・六識・六塵・五陰・四大に喩《たと》うるなり」と記しています。

次のシーンは、「すなわち別解・別行・悪見の人等《ひとら》、妄《みだり》に説くに見解《けんげ》をもって、迭《たが》いにあい惑乱《わくらん》し、および自ら罪を造りて退失《たいしつ》すと喩うるなり」とあります。

六根・六識・六塵・五陰・四大・別解・別行・悪見という聞き慣れない言葉が並んでいます。まずはサラッと、言葉の説明をしておきますね。

「六根《ろっこん》」
眼根《げんこん》・耳根《にこん》・鼻根《びこん》・舌根《ぜっこん》・身根《しんこん》という五つの感覚器官と、意根《いこん》という思惟能力のこと。

「六識《ろくしき》」
六根においてはたらく、眼識《げんしき》・耳識《にしき》・鼻識《びしき》・舌識《ぜっしき》・身識《しんしき》という知覚するはたらきと、意識《いしき》という、ものを知るはたらきのこと。

「六塵《ろくじん》」

六境《きょう》ともいい、六識の対象となるもの。即ち色《しき》・声《しょう》・香《こう》・味《み》・触《そく》・法《ほう》のこと。これらが心を穢《けが》し惑《まど》わすから、六塵という。

「五陰《ごおん》」

私たちの存在を構成している、五つの要素。つまり色《しき》（物質）・受《じゅ》（感情）・想《そう》（表象作用）・行《ぎょう》（意志）および識《しき》（ものを知るはたらき）のこと。

「四大《しだい》」

地（固さ）・水（湿《うるお》い）・火（熱）・風（動き）という、一切の事物を構成している四つの要素のこと。

「別解《べつげ》・別行《べつぎょう》」

本願念仏の一道以外の教え、および本願念仏以外の、さまざまな行。

「悪見《あくけん》」

仏道を否定し、謗《そし》る考え。


と、書き出しましたが、辞書的でイマイチわからないですよね。

まずは、「衆生の六根・六識・六塵・五陰・四大」と言われている、私たちの「六根・六識・六塵・五陰・四大」について。実はこれ、特別なことを言っているのではないのです。一言でザックリ言ってしまうと、人間が生きている事実ということです。

私たち人間は眼や耳や鼻や舌、そして身があって、心をもっています。そういう器官を持っていますよ、というのが「六根」です。そして、それぞれの器官が、眼が物を見て、身で触れて、意（こころ）で物を知るように、それぞれはたらきがありますよ、というのが「六識」。そして、それぞれの対象を「六塵」といいます。

つまり、眼は色を見て、耳は声を聞き、鼻は香り……と、なので「六根・六識・六塵」と聞くとムツカシイと感じますが、そうではないんですね。私たちの事実です。

「五陰・四大」も同じです。私たちの存在というものが、どのようなもので構成されているのか、物質的なもの（肉体）と精神的なものを、「色・受・想・行・識」の五つで押さえているのが「五陰」です。「四大」は仏教でいう万物の構成要素です。

そして、これが「群賊悪獣詐《いつわ》り親《したし》む」の中身なのです。はぁ？ですよね。私たちが生きている事実が、「群賊悪獣」だというのです。意味が分からない以前に、感じが悪い。非常に、悪い。プンプンです。

でもね、実はこれって、すごいことなんです。なぜすごいかというと、この時、Aは西に歩み始めています。つまり、真実を求める心が、起こされている状態です。すると、生きている事実が、「群賊悪獣詐り親む」になったというのです。

つまり、今まで当たり前だと思っていたことが、武器を持つ武士や虎、蛇などの恐ろしいものになったのです。なったというよりは、そうだったと知らされたのです。これはどういうことか？

結論を言っちゃうと、真実を求める歩み、これを求道ともいいますが、今回のテーマでいうと「空しさを超える道」です。この道を求めると、様々な苦しみが解決されて、ハッピーになる！のでは、ないのです。

道を求めることにより、苦しみ、悩み、空しさがハッキリするのです。反対に、道を求めたら、苦しみや悩みがなくなりますよ、と説く教えがあれば、それはまさに「群賊悪獣詐り親む」。なぜならそれは、自分の思いを満たしてくれる教えだからです。そしてそれが、二人の僧侶で表されている「別解・別行・悪見の人等」です。ここで「別解・別行・悪見」の話をする前に、「群賊悪獣」について、もう一言！

群賊悪獣が馴れ馴れしく、表面だけ親しそうに来るというのは、私たちは、肉体的にも、精神的にも、私という存在を満たしてくれるものを、求め続けているということです。そして、その群賊悪獣が殺そうと襲ってくるというのは、そういうものを求め続けているうちに、いのちが終わってしまうということを表しています。

ではここで、「別解《べつげ》・別行《べつぎょう》・悪見《あくけん》の人等」について。

これ、お坊さんが描かれているんですよね。ほんと、困ります。本音をいうと、南蛮人の宣教師さんとかにしてほしかったわぁ。配慮が足りひんわぁと、思ってしまいますが、なぜに、お坊さん？　なぜに、仏教？

ここで自分の話をするのもお恥ずかしいですが、日本に帰国して数ヶ月の頃、たまたまある先生のお話を聞く機会をいただきました。話の内容に感動した私は、アメリカの感覚で、その先生をハグしようとしたほど。「女房、子どもがおる！」と、全力で拒絶されましたが、それ以来、ストーカーともいえる執拗さで、先生のお話がお聞きできるところに身を運んでいます。

すると、おられるんですね。私の他にも、そういう方たちが。その中で、私からすれば兄弟子にあたる方が、こう仰ったんです。「惚れた男の話でないと聞けない」と。

アツいなぁと思いましたが、確かにそうです。人として素敵だ、魅力的だと思う人の話でないと、なかなか耳に入りません。私はますます、その先生のお話を聞くようになりました。聴講生として通っている大学でも、その先生の講義を中心に受講していました。

するとある時、その先生が仰ったんです。自分の授業ばかり出るな、他の先生の講義も出なさいと。え〜、なんで〜。私のことキライ？と思いましたが、素直にお言葉に従ってみました。エライぞ、私。すると、違うんですね。当然のことながら、教えは同じだけど、先生によって受け止め方も、そして生徒である私たちへの伝え方も。新鮮であり、興味深くもあったけれど、でも、何かが違う。特にある先生の教え方に違和感を覚えた私は、回を重ねるごとに講義の場にいることが苦痛になってきました。

黙っていればいいのに、そのことを兄弟子に言っちゃった私。彼は、「〇〇先生はダメだよ」と、一刀両断。「なぜに受講した？」とまで言われる始末。そんな二人の結論は、「やっぱり、私たちの先生が一番！　いい先生に出遇えてよかったね」でした。

だから先生は、他の人の話を聞けと仰ったんだと思います。気づいてほしいと。どういうことか？　結局のところ私は、自分が頷ける、納得できる、自分の思いを満たしてくれる話を求めているんです。

教えって、そもそも何です？　目覚めですよね、自分の思いが破られる。ヘッドホンで自分の好きな音楽を聴いている私の、そのヘッドホンが取れて、ありのままの外の音が聞こえる。でも、私がしていたことは、その逆だったんです。

それは先生のお話の問題ではなく、聞く側の私の問題です。いつのまにか「この先生の話なら間違いない」と、拠り所にしていた。拠り所にしているのは、先生が伝えておられる教えではなく、兄弟子の言葉を借りれば「惚れた人」です。それだけではありません。私は、自分と同じ思いの人とつるみ、他を排除したのです。教えの名の下に、差別をしたのです。そして、素晴らしい先生に出遇うことができた私たちは素晴らしいと、喜ぶ。

まるで選民思想です。もう、ぜんぜんダメです。からっきしダメ。「生きとし生ける者を救う」と仏さまは誓ってくださったのに、いつの間にか、素晴らしい先生に出遇うことができた私たちは救われて、出遇うことができない人たちはまだ迷っている、可哀想だと線引きをしていた。

大真面目に教えを聞くうちに、知らず知らずのうちに、そうなっているって、ほんと滑稽というか、悲しいというか……。で、これが、お坊さんの絵で表される、「別解・別行・悪見の人等」ということなんです。

先ほどは辞書的に言葉の解説をしましたが、実は仏教を謗《そし》っているのは、他の宗教の人たちではないのです。なぜに宣教師さんじゃなく、お坊さんなの？　と、ぶつぶつ言っていた私ですが、他でもない、仏教の教えを聞き、教えを伝えている者が、仏教を謗っているのです。

「別解」は、別な考え方や思想。「別行」は、別な実践。「悪見」は、間違った悪い考え。これらは全て、自分自身の心の中にあるものです。つまり、真実を求めて西に歩き始めたAを、呼び止めたお坊さんたちというのは、真実を求める心を阻害するものです。では、何が邪魔をしているのか？

真実を求める心を、求道心ともいいます、道を求める心です。道とは、今回のテーマに沿って言えば、空しさを超える道であり、それによってAが救われていく道です。ですので、真実を求める心とは、Aを救う心、とも言い換えることができます。

これがAの中で起こされたのです。けれども、ここに矛盾が生じます。なぜなら、自分自身を救う心が起こされ、その心を保ち続けようとした時、起こされた心と、保とうとする自分の心は違うからです。どういうことか。

前者は私の中で起こるけれども、私が起こした個人的な思いではなく、起こされた思いなので広大なものです。数や重さで表すことができない、無限なものです。それに対して後者は、私の思いですから有限です。つまり、有限の器に、無限を入れようとするような行為なのです。だから、矛盾しているのです。

自分の中で起こされた求道心を保とうとすると、それは求道心を矮小化することになるだけでなく、異質のものになってしまいます。本来なら空しさを超えさせ、私自身を救う求道心だったハズなのに、自分の中に取り込んだ瞬間、私が護るべきものに変わる。つまり、私の庇護下に置いてしまう。無限の存在を、有限の私がどうにかしようとするのです。はぁ?です。お門違いもはなはだしい！　まさに、別解・別行・悪見です。

そしてそれは、真実を求めたところに、必ず起こることなのです。真実を求める心を維持することの難しさですが、難しさというより、私たちには成り立たないのです。

そして今、TやYに頼まれたとはいえ、こうしてせっせと書いている私自身が、他でもない別解・別行・悪見の存在なのです。Yに生まれた「空しくない?」という問い。それを共有したT。二人に起こされた大事な問いを、お坊さんだからと、生意気にもアレコレと講釈ぶり、親切ごかしで二人の問いを殺したのです。

それはまるで「二河白道の譬え」の版画に見る、太刀を振り上げ、矛を握り、Aに襲いかかる武士です。それだけでなく、道を進むAに向かって、戻っておいでと優しく呼びかける僧侶でもあるのです。これが、群賊悪獣です。

⑤引き返しても、逃げても、進んでも、死ぬ状態にある

自分というものがさらに掘り下げられた、④の群賊悪獣。その次は、専門用語でいわれるところの、「三定死《さんじょうし》」です。引き返すことも、立ち止まることも、前へ進むこともできない。あるのは死だけ、これはどういう意味なのか？　です。

しかし、ヒドイ話ですよね。真実を求めて歩み始めたら、バラ色の世界が開かれるかと思いきや、道を求めることにより、苦しみ、悩み、空しさがハッキリするって。キラキラした自分になるのではなく、自分の中にあるどす黒いものがあぶり出される。おまけに今度は、死。これって、ほんまに、救われる道の話なん？って、思います。

では、私たちにとっての救いって、何でしょう？

神仏の前で手を合わせた時、自ずとお願いしてしまっている様々なこと。それは、苦しみや悩み、直面している問題を、無くしてもらうことではないでしょうか。それだけでなく、そんな悩みを抱えている自分は弱い人間だ、何なら悪い人間だ、このままの私ではダメだと思うこともある。でもね、ちょっと待ってください、です。至極ごもっともに聞こえますが、それって、自分の欲望を満たす都合のいいものとして、仏さまの教えを利用しているのではありませんか？

学業はアノ仏さま、恋愛はコノ仏さま、健康はソノ仏さまと、自分の都合に合わせて、仏さまを使い分けている。だけでなく、アノ仏さまとコノ仏さま、どっちが御利益《ごりやく》ある？と、値踏みまでする。恐ろしいことに、この私は仏さまより偉くなっているんです。

それが④で言っていた、「道を求めたら、苦しみや悩みがなくなりますよ、と説く教えがあれば、それはまさに『群賊悪獣 詐《いつわ》り親《した》しむ』。なぜならそれは、自分の思いを満たしてくれる教えだから」ということなんです。

親鸞さんが出遇い、そして「二河白道の譬え」を説いた善導さんも出遇った教えは、そういう教えじゃないんです。自分の思いの殻の中に閉じ籠り、眠り続けているかのような私たちを、目覚めさせてくれる教えなのです！

さてここで、真実を求める道を歩み始めたAに、ある変化が起こります。

善導さんが書いた文を、注意深く読み返してください。私たちの煩悩を表している二つの河は、最初「二つの河あり」と書かれていました。けれども、Aが群賊悪獣から逃げようと西に向かって走ると、「この大河を見て」に変わっているんです。

「あり」と認識されていた存在が、「見る」存在になった。そして、「河」だと認識していたものが、「大河」になった。「大河を見る」とは、渡ることのできない河として見た、ということです。

事実、大河はAの行く手を阻み、その結果、三定死の状態になりました。では何が「二つの河」

を、「渡ることのできない大河」に見えさせたのか？　それが、真実を求める心であり、求道心です。

真実を求めることによって、自分の中にあるどす黒いものと向き合うことになったのです。それが大河であり、煩悩であり、本当の自分の姿です。だから、足がすくんだのです。一歩も前に進むことができなくなった。これが、求道心が起こされた結果です。

真実を求める心である求道心が起こされ、空しさを超える道を求めて歩み始めたと聞くと、ついつい、凛々しい勇者が、足音も高らかに歩み始める姿をイメージします。けれども、違うのです。求道心が起こされて、メデタシ、メデタシでは、ないのです。

求道心が起こされたと同時に、どうしても解決できないことに直面させられるのです。それが、我が身の事実です。道を求める。けれども、道を求めている私は煩悩まみれ、というか、煩悩によって出来ている。例えるなら、清浄なるお皿を手に入れたいと願ったとしましょう。お皿はあるけれど、それを私が持つと、私の手の汚れによって清浄でなくなってしまう。持ちたいけど、持てない。同じなんです。

道はあるのに、見えているのに、進みたいけれど、進めない。それによって、せっかく起こされた求道心が揺れるのです。だって、道はあるのに、渡れないんですよ！　どう思います？　それって、救いはないって、言われているのと同じです。だから、「死」という言葉が出てくるのです。

では、ひと思いに諦めちゃう？　求道心なんて捨てちゃえ〜。忘れちゃえ〜。今までと同じく、自分の煩悩に忠実に生きていけばいいじゃない。みんなそうしているんだし、と投げやりなことを言ってみましたが、できます？

私たちは、知ってしまったんです。その生き方は、本当の意味で、いのちを生きていないということを。自分の思いが満たされることを求めて生きていくのは空しいことだと、聞いてしまったんです。聞かなかったフリはできます、でも、聞いた事実はなくせないのです。これが、引き返しても、立ち止まっても「死」だと書かれている意味です。

つまり「三定死」とは、この私がどんな行動を起こしても、私を救うことができないという圧倒的な事実を突きつける言葉なのです。一言で言ってしまうと、それは、人間からは救いに到達できないって、ことです。

⑥白い道がすでにあることに気づき、一歩を踏み出す

空しさを超える物語だと、TやYに紹介をした「二河白道の譬え」。

けれども、そこに説かれていたのは、まさかの話。真剣に道を求めたら、つまり救いを求めたら、気づかされる事実がある。それは、人間からは救いに到達できないということ。

ロマンチストなTは、人生の深遠なる謎が説き明かされた古代文書だと思い込んでいたけれど。

読み進むうちに明らかにされていったことは、私たちが努力をしても、あがいても、どーしても、こーしても、私たちからは救いに到達できないということ。

ほんと、ガッカリです。ガッカリですが、ここまでハッキリ言ってもらうと、もはや爽快です。なぜなら、否定ではないからです。私という個人を否定しているのではなく、人間の事実を言い当てているからです。

では、人間の事実とは何か？　「私たちの力には限度がある」ということです。それは能力や努力だけの問題ではありません。友人とお茶をするという約束でさえ、乗った電車が事故で止まる、お店が満席で入れない、友人が体調を崩しドタキャンになる等々、自分の預かり知らないことで、約束が果たせなくなることがあります。

そう、私たちの力には限度があるのです。言葉を変えれば、自分はアテにできませんよ、ということです。それだけではありません、アテにした時には落とし穴もあります。それは、驕りです。

アメリカに住んでいた頃、友人たちと時々、温泉に行っていました。サンフランシスコから車で北へ五時間ほど、山の中に建つStewart Mineral Springsというお気に入りの施設がありました。ここの温泉は入浴方法が決まっていて、先ず決められた時間、湯につかり、その後、サウナへ。山小屋のようなサウナには飲み物を持ち込むことができ、薪が燃えるのを眺めながら好きなだけ過ごせます。熱いので、そんなに長居はできませんが。そして、その次に、水風呂の代わりに山小屋の横を流れる川に飛び込みます。これを一セットとして、三セット行うのですが、問題は、この川。

夏でもかなりの冷たさなのです。まかり間違って冬にでも行こうものなら、河原には雪が降り積もり、川にはシャーベット状になった雪の塊が浮かんでいます。そこに、飛び込むのです。というか、なかなか飛び込めません。

そういう人たちのためにシャワーも用意されていますが、やはり川に入るのが王道。TとYと三人で一緒に行ったことはありませんが、それぞれとは別の友人たちと一緒に行ったことがあります。自慢ではありませんが、私は毎回もれなくガッツリ飛び込みます。それだけでなく、冷たいというより痛いような水に潜ります。

すると、大袈裟な言い方かもしれませんが、さとったような気持ちになるのです。広大な自然との一体感から、ここに来るまで抱えていた悩みや問題が些末なことに感じ、また、そう思うことができた自分が誇らしく、一段階、精神的に成長した、まさに覚醒したように感じるのです。

文字にすると大袈裟ですが、実際に身を切るような水に潜ってみてください。滝行ではないですが、何らかの目覚めを感じるのです。だって、ハッキリ言って、そこまでできる人は、一緒に行った友人たちの中にも、なかなかいません。

〝銀行〟に対してあんなガッツを見せたTでさえ、ここでは足の親指が川に触れただけでアッサリ断念。意外と根性がないんだと、軽く失望したことを覚えています。反対にYは、冷たいと騒ぎながらですが、川に入ってきました。おまけに、私と同じように潜ったのです。時々披露される〝Y劇場〟と、こっそり私が名づけた小芝居から、あざとさばかりに目がいっていましたが、実は根性があるんだなと、見直した瞬間でした。

ね、どう思います？　ここまで読んで。

文字にすると大袈裟だと言いましたが、実際、大袈裟です。たかだか、サウナの後の水風呂です。そこに入れなかったTを見下し、入れたYは、なかなかやるなと評価する。アンタ、何様？です。

そもそも車もなければ、運転免許も持っていなかった私。誰が、その温泉まで連れて行ってくれたんどすか？　一緒に温泉旅行を楽しむ仲間であり、友達を、たかだか水風呂に入れたか、入れないかで、評価する。そんな自分に、ガッカリ、うんざり、嫌気がさします。

でもね、これ、自分で意識してやっているんじゃないんです。自動的なんです。私が出来たことが出来なければ見下し、同じように出来れば、なかなかやるなと評価する。もし、私以上に出来る人がいれば、私はまだまだアカンと自分を卑下する。ちなみに仏教では、「卑下慢《ひげまん》」といい、卑下することも慢心です。そんな感情が、間髪入れずにわき上がる。好物を頬張った瞬間、美味しい！と思うように。苦手なものを口に入れ、不味い！と思うように。考える前に、わき上がる。

そしてそれは、フランソワで話していた、親鸞さんが比叡山を降りた理由とも重なるのです。厳しい修行を重ね、先輩たちを追い抜くことが出来れば、嬉しい感情は少なからず出てきます。反対に、後輩に追い抜かれれば、自分はダメだと卑下してしまう。

修行のゴールを覚りとした〝さとり双六〟があったとしたら、一生懸命、修行したとしても、先輩を見下したり、自分を卑下した瞬間に、〝ふりだし〟に戻る！です。

つまり、どんなに努力をしても、頑張って修行をしても、もれなくわき上がる感情によって、修行が成り立たなくなるのです。形としての修行は出来ても、心は見下したり、卑下したり、騒がしいのです。

そんな状態で修行を重ねても、「これだけやった」との思いが強くなるだけで、残念ながら、私たちからは修行の「果」に到達ができないのです。というか、そもそも果が何か知ってるの、私？です。

一般には、というか教科書的なことをいえば、果は覚りであり、お浄土です。

「二河白道の譬え」の絵に描かれているように、私たちが暮らす「穢土《えど》」と呼ばれる此岸《しがん》から、彼岸《ひがん》である「浄土」に向かう。メデタシ、メデタシです。

でも、ぶっちゃけ、魅力的です？「お浄土最高！今すぐ行きたい！」って、思います？えとこらしいけど、よぉ、わからん。正直なところ、そうじゃないです？私は、そうです。

日頃、私たちは何を目指しているかというと、素敵なパートナー、お金、社会的地位、世間の評価、健康、等々です。つまり、種類は違えど、ザックリ言うと幸せです。それを短中期的な人生のゴールとして設定し、こちらの岸から、そちらの岸を目指す。

けれども、人生の全てをかけて手に入れたといっても過言ではない、愛する人からのプロポーズを受けたTも、全てを手に入れたかのようなYも、苦労をして対岸に辿り着いたのに、幸せにはなれなかった。

つまり、私たちが求めている果は、お浄土ではなく幸せなのです。けれども、やっかいなのは、幸せの正体がわからないのです。素敵なパートナーが見つかれば、お金があれば、社会的地位が高くなれば、世間から評価されれば、健康になればと、その時々の状況に応じて「仮」の幸せが定義されますが、永遠ではないのです。

素敵なパートナーと思った相手が、別れたい相手に変わることもあるのです。お金が手に入ったことで、トラブルが起こることもあるのです。何もこれは、今に始まったことではありません。お釈迦さまが説かれた『仏説無量寿経』には、「有田憂田《うでんうでん》。有宅憂宅《うたくうたく》。（中略）無田亦憂《むでんやくう》、欲有田《よくうでん》。無《む》宅亦憂《たくやくう》、欲有宅《よくうたく》」という一節があります。「田あれば田を憂《うれ》う。宅あれば宅を憂《うれ》う（中略）田なければ、また憂《うれ》えて田あらんと欲《おも》う。宅なければ、また憂《うれ》えて宅あらんと欲《おも》う」。

土地や建物があれば幸せになると思ったけど、持っていると色々厄介なことがある。でも、持っていなければ、欲しいと思う。つまり、突き詰めると、私たちが思っている幸せは「欲」なんです。欲だから、私を苦しめる原因にもなってしまう。では欲ではない、真の幸せとは何でしょうか？

ここで私が、真の幸せとは○○です！と、言えればいいのですが、ゴメンなさい、正直なところ、私にもハッキリわからないのです。でも、考える上での、重要なポイントはわかります。

先に挙げた様々な仮の幸せ。それらに共通しているのは、条件づけがされているということです。

パートナーが見つかればと、すべて何がしかの条件が付いていました。条件づけがあるというのは、その条件をクリア出来る人と、出来ない人の違いを生み出します。それは人の選びであり、キツイ言い方になりますが、差別です。

残念なことに、幸せになりたい！と願うことで、幸せになれる人と、なれない人を作ってしまうのです。果たしてそれは、真の幸せといえるでしょうか？　つまり、真の幸せとは、条件づけのない幸せなのです。

では、その条件づけのない幸せを、ゴールとしましょう。私たちは、こちらの岸から、対岸にあるそのゴールを目指します。では、どうやって？

これが現実世界なら、いくつかの方法が考えられます。手っ取り早いのは、泳ぐことです。それが無理なら、船で向かう。何なら、橋をかけるという方法もあります。でも、どうです？　みんなが出来ることですか？

勢い込んで言っちゃいましたが、そもそも私はカナヅチです。浮き輪があればなんとかなりますが、対岸が本州と北海道くらいの距離があれば、浮き輪での遠泳はムリです。だからといって、船も微妙。乗り物酔いが激しいので、できれば避けたい。では、橋をかけるのか？　残念ながら、大行寺の総力をあげても、財力が及びません。つまり、こちらからゴールに行こうとした時にも、出来る人と出来ない人が、どうしてもできてしまうのです。無条件とはいかないのです。

これは私の邪推ですが、親鸞さんが比叡山を降りた一因も、ここにあるのではないかな、と思うのです。なぜなら親鸞さんが二十六歳の時に、こんな出来事があったといわれているからです。比叡山の麓にある赤山明神《せきざんみょうじん》で、女性に話しかけられた親鸞さん。一緒に比叡山の延暦寺にお参りさせてと頼まれますが、女人禁制だからムリですと答えます。すると、比叡山にいる動物って、オスだけ？　メスっていないの？　そもそも仏教って、全ての人が救われるって説くのに、その全ての人に女の人は含まれていないの？　と、やつぎばやの正論。

親鸞さんは、何も言えなかったそうです。仏教は全ての人を救いますといいながら、実際は、女の人は延暦寺にお参りすることさえもできなかった。では、男だったら誰でも大丈夫か？　といえば、違います。

当時、比叡山で学ぶことが出来たのは、俗っぽい言い方をすれば、ええとこの子だけでした。ちなみに親鸞さんも公家の生まれ。つまり、比叡山で仏教を学ぶことができたのは、男で、ええとこの家の子で、ある程度の教養のある子という条件をクリアすることが出来た、選ばれし者だけだったのです。

親鸞さんに話しかけた女性ではないですが、条件から漏れる人が出てきます。それって、どうなんだろ？　本当の仏教の教えといえるのだろうか？　そんな問いが、親鸞さんの中に生れ、二十九歳で比叡山を降りられたのかもしれません。

話が、ちょっと横に行きましたが、ゴールに向かう方法は、残念ながらみんなに平等に開かれているとは言えないのです。それと、もうひとつ大事なこと。

それは、こちらの岸から対岸のゴールを目指しますといいましたが、対岸ってどこなん？　という問題です。ＴもＹも、これが私の真の幸せだと、対岸を目指しました。けれどもいざ着いてみると、そこは「仮」の幸せで、「欲」の世界でした。つまり、真の幸せとは違う場所に行ってしまったのです。

そもそも真の幸せが何かを知らない私たちは、どこに向かって進むのでしょうか？　能力があれば、泳げばいいし、船に乗ってもいい。財力があれば、橋をかければいい。でも、どこに向かって？

たとえるならそれは、闇雲にハシゴをかけるようなこと。ココに違いないと、ハシゴをかけて、上って行った先は、地獄の一丁目かもしれません。つまり、私たちの側からは、ハシゴも、橋もかけられないのです。

お待たせしました！　ここで、ようやく本題です。

白い道がすでにあることに気づき、一歩を踏み出したＡ。そうなんです、白い道はすでにあったのです。どういうことか？　ハシゴのたとえでいえば、真の幸せの世界の方から、ハシゴが降りてきていたのです。

これだと確かです。間違って地獄に行くこともありません。白い道も同じです。真の幸せの方から、こちらの岸に向かって、道があったのです。それは、答えの方から、私に手を差し伸べてくれている状態です。しかも、既に、です。

私が気づく前から、私が生まれるずっと前から、すでにこの私に向かっての道があったのです。つまり、既に何人もの人たちがその道を歩き、真の幸せの岸へと渡っていった、経験と実績のある道なのです。そしてそれは、私がつくった道ではありませんから、言葉を変えれば、いただいた道といえます。

「二河白道の譬え」で徹底的に貫かれていたのは、人間からは救いに到達できないということと、アテにできない自分ということでしたが、実は、突き放されたわけではなかったのです。

「自分→ゴール」が不可能だという事実がハッキリすることで、「ゴール→自分」の道があったと気づかされるのです。もしかしたら、「ゴール→自分」の道があることを知っていたかもしれません。けれどもそれは、自分とは関係ない。だってそれは、努力ができない人や、劣った人のためのものだと思っていた。自分をアテにしたり、他にアテにできるものがある時には、見えないものです。けれども、アテにできるものがなくなった時、気づかされるのです。あぁ、既に道はあったんだと。

Aも「三定死」という究極に追い詰められた状況になり、初めて気づかされた。「あれ？　ここに、すでに道があるじゃないか！」と。

⑦すると同時に、勧める声と喚ぶ声が聞こえる

さぁ、物語も、いよいよ佳境に入ってきました！　効果音を入れたいくらいです。情景をイメージしながら、読んでいただけると嬉しいです。

さて、「ここに、すでに道があるじゃないか！」と、気づかされたA。そこで「必ず度《ど》すべし（必ず渡ることができるに違いない）」と、心を定めます。すると、その瞬間に、東の岸から「行け」との声を、西の岸からは「来い」との声が聞こえます。と書くと、時系列的に聞こえるかもしれませんが、これ、同時に起こっているんです。

でもね、Aが一歩を踏み出そう！　と決心をしないと、東と西からの声も聞こえないので、Aが決心して、次に声が聞こえたのかな？　と思ってしまいますが、実はそうではないのです。なぜなら、Aが頑張って気合を入れて、決心をしたのではないからです。決心を起こさせたのは、東と西からの声があったからなんです。つまり、声がなければ、Aは歩き出すことが出来なかった。え〜、結局、どっちが先なの？　と思いますが、同時なんです。

この場面、すっごく大事です。嗚呼、効果音、入れたい。ジャジャジャジャーン！とか。なぜなら、ここまでのAと、ここからのAは劇的に変わるからです。

ここまで歩いてきて、ここからも歩いていくAですが、その歩みはまったく違うのです。ここまでの歩みは、自分の思いの殻の中で行われていました。Yとその元上司とのすれ違いの恋愛ではないですが、自分が思うように見て、聞いて、受け止めている私たち。顔を見合わせ、言葉を交わしていても、相手との間に自分の思いというフィルターがあり、会っていても、本当の意味で出会うことができない私たち。自分の思いの殻から出ることができず、孤独な私たち。その私たちに、喚びかける存在があったのです。それが、東の岸のお釈迦さまと、西の岸の阿弥陀さまです。

専門用語で、お釈迦さまの「行け」と勧める声を、「発遣《はっけん》」。阿弥陀さまの「来い」と喚ぶ声を、「招喚《しょうかん》」といいます。

これ、すごいなぁと思うんです。お釈迦さまと阿弥陀さま、二つの柱で成り立っているんです。つまり、救いはコレですよと教えてくれる人と、救いの本体が別なんです。言葉を変えるとそれは、教えに目覚めた人と、その教え本体です。前者は「人」ですけど、後者は教えそのもの「法」です。私たちは何によって救われるかというと、法によって救われるのであって、人ではないんです。なぜなら、人は本当の拠り所にはなれないからです。頼ることはできても、憑《たの》むことはできないのです。それはお釈迦さまの遺言にも、ハッキリと現れています。

『涅槃経』に「自灯明　法灯明」との言葉が残っています。「自灯明」でいわれる自らとは、法を聞かせていただく自分です。法を聞き続け、問い続ける自分を灯《ともしび》とし、法を灯として、生きていってほしい。これがお釈迦さまの遺言です。

ね、お釈迦さまご自身が、「法に依って人に依らざれ」と願われているんです。それは親鸞さんにも貫かれていて、「親鸞は弟子一人《いちにん》ももたずそうろう」と仰ったと、『歎異抄』に書かれています。法を拠り所にして生きていこうという気持ちを人々に起こさせたのは、自分の力ではなく、阿弥陀さまのはたらきだからです。だから親鸞さんにとって周りの人々は弟子ではなく、共に法を聞くお仲間なんですね。でも実際には、お弟子さんはたくさんおられた。どういうことかというと、親鸞さんはお仲間だと思っておられたけれど、その人たちにとって親鸞さんは師だったのです。師として、慕わずにはおられなかった。

まぁ、これは、私たちの日常でもいえますよね。だいたい「おれの話を聞け」という人の話は、ロクデモないものと相場が決まっています。先生だ！　上司だ！　先輩だ！　と言われても、たまたま立場がそうなのであって、だからといって慕う気持ちが湧き出てくるものでもない。だから、凄いんです。「法」と「人」という別々の柱で成り立っていることが。

もし、その二つが一つになってしまったら、これは危ない。とっても、危ない。人を神格化することになりますし、何より、その人が亡くなったら、次に続かない。

お釈迦さまは、ご自身が拠り所とはならないということを、ハッキリとお示しくださった。だから入滅後も、お釈迦さまが出遇うことができた法に、私たちも出遇うことができるのです。もし法と人が一緒なら、人であるお釈迦さまが亡くなった時点で、法も消滅していたところです。ここで

Aに向かってお釈迦さまが「行け」と仰るのは、法があるぞ！　いのちの灯《ともしび》、真の拠り所があるぞ！　との声なのです。

ジャジャジャジャーン！　とうとう、自分で効果音を入れてみました。

ここで西の岸から、阿弥陀さまの声が聞こえます！　といっても、Aの決心、お釈迦さまの声、阿弥陀さまの声、この三つは同時なんですけどね。

さてさて、阿弥陀さまの声。それは、こんな喚びかけです。「汝《なんじ》一心に正念にして直《ただ》ちに来《きた》れ、我よく汝を護《まも》らん。すべて水火の難に堕せんことを畏《おそ》れざれ」。

喚びかけるの「喚」には、「招喚《しょうかん》」の意味があります。「招喚」とは元々、天皇に呼び出されるという意味なので、断ることができません。というか、断るという選択肢のない、喚び出され方です。当然、本人の思いとは関わりなく、喚び出されます。つまり、阿弥陀さまに喚びかけられたAは、阿弥陀さまに喚び出されたってことなんです。コッチに来い！って。

そうして白い道を西の岸に向かって歩き始めたAですが、招喚ですから、本人の意思や意志で歩いているのではないのです。これ、大事なポイントです。

それと、大事なポイントをもうひとつ。Aが歩いているという事実は、阿弥陀さまに喚ばれたから、ですよね。つまり、阿弥陀さまの「汝」という喚びかけが聞こえたんです！　思い出してください、この声が聞こえる前のAを。

私たちの煩悩を表している水と火の河は、最初「二つの河あり」と書かれていました。けれどもAが群賊悪獣から逃げようと西に向かって走ると、「この大河を見て」に変わりました。「あり」と認識されていた存在が「見る」存在になり、「河」だと認識していたものが「大河」になった。「大河を見る」とは、渡ることのできない河として見たということでした。それが今、その河の間にある細い道に、一歩を踏み出すことができたのです。なぜか？「こちらへ今すぐ来い！　必ず護るぞ！」という、自分への喚びかけが、喚びかけとして聞こえたからです。

呼びかけがあっても、自分のこととして聞くことができなければ、それはただのBGMであり、騒音です。知人のお坊さんが以前、こんなことを言っていました。その方が歩いていると、後ろから「先生！」と呼びかけられた。振り返ると友達が立っていて、「お前も偉くなったもんだな」と笑われたと。

つまり、自分の中に先生という自覚があったから、その呼びかけが自分への呼び声だと聞こえたのです。その方は男性でしたから、後ろから「お嬢さん！」という声が聞こえていたら、決して振り返らなかったでしょう。なぜなら、自分のこととして聞けない言葉、自分に関係のない言葉は、耳に入っても、聞き流されてしまうからです。自分の父親が自宅ガレージで自損事故を起こして初めて、巷にあふれる安全運転という言葉が、耳に入ってきたTのように。

だから、「こちらへ今すぐ来い！　必ず護るぞ！」と喚ばれ続けていても、私たちはなかなか聞けない、気づけないのです。けれども、Aは聞くことができた。なぜか？　それは「三定死」という、追い詰められた状態だったからです。アテにできるものが周りに何もなく、追い詰められ、足を踏み外したら死んじゃうと、恐れおののいた。

けれども、そもそも私たちがアテにしているのは、「仮」のものや「偽」のもの。フランソワでのTやYとの会話ではないですが、「アテにならないことをアテにして、拠り所にしている空しい私たち」なんです。

そんな私たちに「真実の拠り所がありますよって気づかせてくれる。だから、お念仏っていうのは、私が称えているって思うかもしれないけど、実は、仏さまからの喚びかけなんだよね」と話していたのは、まさにこのこと。

アテにできるものがなくなって初めて、真実の拠り所、Aでいえば白い道があったことに気づくことができた。そして、足を踏み外したら死んじゃうと、恐れおののいていたけれど、実は踏み外したところにも、ちゃんと、道はあったのです。

それが、「水火の難に堕せんことを畏《おそ》れざれ」です。

「水や火の難におちることを、畏れるな」というのは、阿弥陀さまが護ってくれるから、もう煩悩に迷わされないって、ことじゃないんです。

正直、私も最初は、そういう意味かな？　と思っていました。でも、よくよく考えると、それじゃ文章のツジツマが合わないんです。

突然ですが、私、下戸です。体質的にお酒がまったくダメなんですね。そんな私に向かっては誰も、「無礼講だ。酔っぱらって、どんな失礼なことをしてもいいから、今日は安心して浴びるほど飲め」とは、言わないんです。まぁ、無礼講という言葉自体、聞かなくなりましたし、今じゃアルハラですが。でも仮にですが、この言葉を言ったとして、誰に対してかというと、お酒が好きな人に対してです。なんなら、今まで、お酒でヤラカシちゃった人に言われます。

では、「水や火の難におちることを、畏れるな」は誰に対して言われるか？　これ、落ちる人に対してなんです。落ちる人に対して、怖がらなくてもいいよと言っているんです。

阿弥陀さまは、Aが落ちることを知っているんです。お酒を飲む人に「浴びるほど飲め」と言うように、落ちるのがわかっているから、「畏れるな」と喚びかける。

なんて言っちゃうと、私は下戸だから落ちませんって、聞こえちゃうかもしれないけど。安心してください。私も、もれなく落ちちゃいます。

つまり私たちは、頑張って努力して、気をつけていても落ちますよ、ってことなんです。これは私の拡大解釈ですが、落ちるのがダメなことではないのです。もっと言っちゃえば、ここでいわれているのは、「安心して落ちろ。落ちた下にも道はある」ってこと。つまり、「安心して迷え！」ってことなんです。

　さてさて、白い道に一歩を踏み出したAのここまでと、ここからは劇的に違うと言いました。ここまでの歩みは、自分の思いの殻の中で行われていたと。では、ここから先はどう違うのか？　自分の思いの殻の中にいるとは、自我の中にいるということ、主観の世界にいるということです。主観の世界は、私だけの世界です。だから孤独なのです。

　けれども、阿弥陀さまに「汝」と喚びかけられ、その喚びかけを私への喚びかけとして聞くことができたことで、その殻が破られたのです。それによって、外の世界と繋がることができた。なぜ、そんなことができたのか？　それは、阿弥陀さまの喚びかけが「汝」だったからです。

　これ実は、めちゃくちゃ衝撃的な言葉なんです！　ジャジャジャジャーン！という効果音では、まったく足りない！　善導さん、すごいことを、サラッと書いちゃってるんです。では何がそんなに衝撃的なのか？

　これ、「汝」と喚びかけたのは、阿弥陀さまです。フランソワでの会話ではないですが、阿弥陀さまが願ってくださったのは、生きとし生ける全てのものを救うということ。生きとし生けるものを、仏教では「衆生《しゅじょう》」といい、繋がっているという意味では「群萠《ぐんもう》」ともいわれます。どちらにしても、複数形。だから「汝ら」に、なるのです。なのに！　Aは「汝」と聞いたのです。

「汝一心に正念にして直《ただ》ちに来《きた》れ、我よく汝を護《まも》らん」。生きとし生けるもの全てを救うと願った阿弥陀さまが、Aひとりを護ると言ったのです！

　これ、親鸞さんも同じことを言っています。「弥陀の五劫思惟の願をよくよく案ずれば、ひとえに親鸞一人がためなりけり」。「弥陀の五劫思惟の願」とは、「生きとし生ける全てのものを救う」という、阿弥陀さまが起こされた願いです。そのことをよくよく考えたら、この親鸞一人のための願いだった、と。

念のために言っておきますが、自意識過剰じゃないですよ。「汝ら」という複数形だったものが、「汝」という単数形になったのは、「公的」なものが「私的」なものに変えられたからです。つまり、「汝ら」である「生きとし生ける全てのもの」という表現は、ある意味、公式発表のようなものです。なので、「公的」。これが「汝」になると、A個人への喚びかけとなり、「私的」なものになります。そして私的なものになって初めて、私たちは関わることができるのです。

仏さまの「はたらき」を季節にたとえて話していましたが、季節もある意味、公的です。春が夏になり、秋、冬と移ろっていく。その中で、それぞれの季節のはたらきを受け、花が咲き、入道雲が立ちのぼり、葉が色づき、雪が降る。見えない季節というものが、見える形になる。

季節は私の都合などお構いなしに巡ってきます。「あ、桜が咲き始めている」と、気づかされて、春が来たことを知る。時には、「もう、紅葉も散る頃だったのね」と、季節に気づかないほど大変な状況に置かれることもあります。季節はあるけれど、その季節に気づけるのは、私的に関われた時です。私的に関われて初めて、公的な存在があったと知らされる。

それはAも同じです。阿弥陀さまの喚びかけと私的に関われたことで、「生きとし生けるものを救う」という公的な願いは、自分のためだったと知らされたのです。ここで、大転換が起こされます。大転換とは何か？　それは、自分が起こす信心ではなく、「いただく信心」だということです。って、いきなりですよね。信心って何？　しかも、いただくって何？　と思われるかもしれません。

阿弥陀さまの喚びかけがAにとって私的なものに変えられた、その私的に変えたもの、それを信心というのだと私は思います。なぜなら親鸞さんは「汝の言《ごん》は行者なり、（中略）真の仏弟子なり」と、『愚禿鈔』に記しているからです。つまり「汝」と聞こえたということは、信心が起こされたこと、真の仏弟子が誕生したということなのです。

「お念仏っていうのは、私が称えているって思うかもしれないけど、実は、仏さまからの喚びかけなんだよね」と話していましたが、仏弟子とは、その喚びかけを聞きながら、一歩、一歩、歩む人のことです。まさに、Aのことです。

ついでに言っておくと、阿弥陀さまの喚びかけと私的に関わらせた、Aに沸き起こされた信心。これは、人間が自分の思い、つまり自我で握った信心とは全く質の違うものです。俗にいわれる「信じる者は救われる」的な信心ではありません。信じるといっても、自分にとって都合のいいことしか信じることのできない私たちです。努力して、頑張って、無理して、信じなくてもいいよ。そのままでいいよ。それが、「汝《なんじ》一心に正念にして直《ただ》ちに来《きた》れ」です。

阿弥陀さまは、「直ちに」と仰る。つまり、このままで、なんです。インターホンがピンポンと鳴って、すぐに出られます？　この恰好じゃ恥ずかしい、おっと、しまった、スッピンだったと、なかなかすぐには出られないのです。阿弥陀さまに救ってもらうにしても、いい人になってからとか、お経さんのひとつも読めるようになってからとか、何なら、お寺に寄附してからとか、このままの私のままで救ってもらえるとは、なかなか思えないのです。まぁ、お寺に寄付は大歓迎ですが。いや、話がそれました。とにもかくにも、阿弥陀さまの救いは「直ちに」、つまり「このままの私」で、なんです。

さて、Aに起こされた大転換。それは、自分が起こす信心ではなく、いただく信心だということ。いただく信心とは、西岸からこちら側に向けて道があるということです。

これはAだけでなく、作者の善導さんにとっての大転換でもありました。なぜならそれまでの仏教は、こちらからの道ばかりを説いていたのです。自分を起点とし、自分を拠り所とし、ゴールを目指していた。それが大転換、ひっくり返されたのです。

つまり、ゴールを起点とし、ゴールを拠り所としただけでなく、なんとそのゴールが、私を目当てに向かってきたのです！　めちゃくちゃ積極的です。ゴールとは西岸であり、そこから喚びかけてくださっている阿弥陀さまであり、阿弥陀さまが建国されたお浄土です。

さぁ、次はいよいよ、その西の岸についてです。

⑧Aが西の岸に行き着く

ポイントとなるメタファーを順番に尋ねてきましたが、いよいよ最後。Aがとうとう西の岸に到達しました！　万歳！　でも、本当にメデタイの？

子供の頃に読んだ「二河白道の譬え」の絵本。お浄土とされる西の岸にたどり着いたAが、不憫でなりませんでした。「お浄土に着いたってことは、死なはったんやぁ」。子供心にそう思いました。「きっと、火に焼かれたか、水にさらわれはったんや、可哀そうに。だって、あんな細い道、渡り切れるはずがないもん」と。

では、ここでの「西の岸に行き着く」というのは、「Aは死んだ」ということのメタファーなのでしょうか？　そもそも、お浄土ってどこ？　というか、何？　そして「西の岸に到りて永く諸難を離る。善友《ぜんぬ》あい見て慶楽《きょうらく》すること已《や》むことなからんがごとし」と書かれている、「善友」って誰？　最後の最後で、謎は深まるばかりです。

江戸時代の僧侶、香月院深励《こうがついんじんれい》（一七四九〜一八一七）が書いた解説書を読むと、「西岸に到るとは。命の終りて後かの浄土に生ずる事なり」とあり、善友については「善友相見て喜ぶと喩へたは。弥陀に対面申して喜びきはまりなき相なり」と書かれています。

ガーン。やっぱり、Aは死なはったんや……。命が終わってお浄土に行き、そこで阿弥陀さまと対面しはったんや……。が、果たしてそうなのでしょうか？

実は、Aが死んだか、死んでいないかは、あまり重要ではないのです。もちろん、Aが死んだ後に西の岸にたどり着いたのか、生きているうちにたどり着いたのかは、仏教に学ぶ上でとっても大事なポイントです。けれどもハッキリ言って、TやYにとっては、どーでもいいこと。

なぜなら、この「二河白道の譬え」に彼女たちが求めたのは、「空しさを超える」ということだからです。そう考えた時、大事になるのは、Aはどこに向かっていたのか？ そして、それは生きているAにどう関わったのか？ です。

Aが向かったのは西の岸。大行寺の二曲屏風に残る版画には、「弥陀寶國」（「弥陀宝国」）と書かれています。つまり「お浄土」です。では、お浄土とは、いったい何で、Aにどう関わったのか？

それを考える前に、衝撃的な事実をお伝えしなければなりません。『仏説無量寿経』というお経さんによると、「お浄土」はたくさんあると書かれています。その数なんと、二百十億！ つまり、二百十億種類のお浄土があるのです。

日本の人口は、約一億二千五百万人。二〇一九年の世界の人口は七十七億人。世界の総人口より多い！ そして、さらに驚くことに「弥陀寶國」と表された、阿弥陀さまのお浄土は、その数の中に入っていません。

その昔、法蔵菩薩《ほうぞうぼさつ》という修行僧が「生きとし生けるものを救いたい」と、願いを起こします。そのことを師である、世自在王仏《せじざいおうぶつ》という仏さまに伝えると、ありとあらゆる種類のお浄土の姿を見せてくださいました。その数が、二百十億。

けれども、その中には法蔵菩薩が願った、生きとし生けるものが全て救われている、そんなお浄土はありませんでした。そこで法蔵菩薩は、五劫《ごこう》というとてつもない長い時間、考えに考え、そうして四十八個の願いを立て、これらが成就しなければ、自分は仏さまにはなりませんと誓ったのです。その後、法蔵菩薩は阿弥陀という仏さまになられました。つまり、法蔵菩薩の願いは成就したのです。そうして仏となり、建国されたのが、阿弥陀さまのお浄土です。

と、かなりザックリと話してしまいましたが、国を建てたというのがポイントです。

私たちが生きている世界にも、たくさんの国があります。日本で生まれ育った私は、二十九歳の時に、お見合いが嫌だという理由でアメリカに家出をしました。そのまま彼の地に骨を埋めようと思いましたが、異国で生きていくためには、ビザと呼ばれる在留資格が必要です。そこで私はアメリカのビザを調べ、宗教者ビザがあることを知り、ビザ欲しさに出家得度をしたのです。

酷い話です。出家とはお釈迦さまの仏弟子になることなのに、アメリカで生きていくための手段として利用したのです。と、今頃になって、過去の自分の行いを悔いていますが、要は、自分が生まれた国以外で暮らすのには、様々な条件を満たさなければならないのです。

例えば、九〇日以内の観光での渡米であれば、日本のパスポートを持っている人は、ビザは必要ありません。けれども、それ以上の滞在となれば、目的に応じたビザが必要になります。また、日本以外のパスポートであれば、観光であってもアメリカ入国にはビザが必要な場合があります。つまり、誰でも歓迎ではなく、アメリカに来たい人、全てを受け入れますよ、ではないのです。

それは、日本という国も、その他の国も同じです。世自在王仏が法蔵菩薩に見せた二百十億のお浄土も、そうだったのです。それぞれに素晴らしい国だったけれど、対象は「生きとし生けるもの全て」ではなかった。何かしらの条件があり、そこから漏れてしまう人がいた。それらの、お浄土に入国できない人がいたのです。

けれども、阿弥陀さまのお浄土は、入国するのに必要な条件が一切ありません。なぜなら、阿弥陀さまがそう願い、建てた国だからです。

「摂取《せっしゅ》してすてざれば　阿弥陀となづけたてまつる」と、親鸞さんは仰います。これは、阿弥陀さまのスペックとして、摂取してすてないというはたらきがあるのではなく、摂取してすてないはたらきを、阿弥陀と名づけるという意味です。摂取してすてないとは、必ず救い、そして見捨てないということ。生きとし生けるもの全てを必ず救う、そして決して見捨てない、そのはたらきを阿弥陀というのです。

だから、阿弥陀さまのお浄土に入国するのには、条件がないのです。ちなみに、神経質なと言えばTに怒られそうですが、親鸞さんは「摂取」の文字の横に「摂はものの逃ぐるを追はへとるなり」と、左訓《さくん》といわれる説明を添えています。

つまり、逃げるものを追いかけるという意味が、「摂取」の「摂」の字にはあるのです。来る者拒まずだけでなく、来る気のない人まで追いかけちゃうなんて、めちゃくちゃ積極的です、阿弥陀さん。

でもね、そうでもして関わってもらわないと、私からは関わろうとは思わないですからね。だって、コッチから「阿弥陀さま助けて～」と、関わろうとしている時の阿弥陀さまは、私の欲望を叶えてくれる、私にとって都合のいい仏さまですから。それって、私が想像し、作り上げた仏さまであって、本当の阿弥陀さまじゃないですもん。だって阿弥陀さまは、頼る存在じゃなく、憑《たの》む存在ですからって、フランソワでの話、覚えています？

さてさて、そんな、逃げるものを追いかけてくださる阿弥陀さまに、つかまえられたのは、他でもない私。自分にとって都合が悪い日本から逃げて、アメリカにまで家出をした私。それだけでなく、自分の都合にいいからと出家までした私。仏さまという真実に背を向けていた私を、追いかけ続けたはたらきがあったのです。

ビザのために必要な資格として僧侶になりましたが、いつしか、教えに生きる人としての僧侶に成らしめられていたのです。そう、阿弥陀さまに追いかけられ、つかまっていたのです。まるで、仏さまの掌で暴れていた孫悟空のようですが、実は、自分の思いで好き勝手に動いていたつもりでも、その思いを包み込む、大きなはたらきがあったのです。

さて、そんな阿弥陀さまのお名前には、重要なメッセージが込められています。
阿弥陀とは、サンスクリット語（梵語）の「アミターバ」（無量光）「アミターユス」（無量寿）のふたつを原語とする音写語で、「アミタ」には無量という意味があります。

「ア」は打消しで「無」、「ミタ」は「量る」なので、阿弥陀というお名前が表しているのは、「量ることの無い」ということ。つまり阿弥陀さまのお浄土は、行きたいと思う人はみんな無条件で入国することができるだけでなく、その国を建てられた阿弥陀さまの、量ることのない、どこまでも届く光（無量光）によって、私たちは照らされ、導かれているというのです。だからAは、細くて白い道を歩くことができたのです。

ちょっぴり専門的な話になりますが、「無量光」は阿弥陀さまの智慧を表します。その智慧の光によって、まるで闇のような私たちの無知が破られるのです。

そうして私たちを真実へと導いてくださる阿弥陀さまの慈悲を、「無量寿」といいます。慈悲が無量寿といわれるのは、阿弥陀さまが法蔵菩薩の時、生きとし生ける、悩み苦しむすべての人々を救いたいと願われたからです。

つまり、過去、現在、未来と、時間を越えて私たちに寄り添ってくださる慈悲のお心を、量ることのない寿命という意味の「無量寿」で表されているのです。

さて、水の河と火の河、これは貪愛《とんない》と瞋憎《しんぞう》という煩悩でした。自分自身の煩悩に飲み込まれ、それによって悲しみ、苦しみ、迷っていることにも気づいていなかったA。ちなみに、気づけないのは、わかったつもり、知ったつもりになっているから。それを仏教では、明るさのない闇に譬えて「無明《むみょう》」といいます。

無明は愚痴ともいって、貪愛、瞋憎と合わせて、三毒の煩悩といわれます。「煩悩にまなこさへられて　摂取の光明みざれども　大悲ものうきことなくて　つねにわが身をてらすなり」。親鸞さんが詠まれた歌です。

煩悩がまるで雲や霧のように私の目を覆って、この私を必ず救うと誓ってくださった阿弥陀さまの光を見ることはできないけれども、阿弥陀さまの私を思うお心は、決してあきらめることなく、常に私を照らし続けてくれています。そんな意味のこの歌のように、Aは阿弥陀さまの存在も、その光にも気づいていませんでした。けれども、照らされ続けていたのです。

そもそも、法蔵菩薩が阿弥陀仏になってから、すでに十劫《じっこう》という、とてつもなく長い時間が経っていると、『仏説無量寿経』には説かれています。

つまり、Aだけでなく、TやY、そして私も、「生きとし生けるもの全てを救う」という法蔵菩薩の願いが成就したところに生まれてきたのです。そう、既にすべての者は救われているのです。

でも……。救われています？　ぶっちゃけ、そんな実感ありません。

悲しいことも、苦しいことも、腹立つことも、あいも変わらず次から次へとやってきます。病気になるし、怪我もする。年老いていくし、いずれ死ぬ。自分も死ぬし、大事な人も死ぬ。別れる悲しみ、苦しみ、耐えられません。それだけじゃなく、人間関係も大変。職場、近所、親戚付き合い、あぁ、しんど。こんな状態の真っただ中にいて、どこが救われてるんどす？　と、文句のひとつも言いたいところですが、これが、無明ということなんです。

だって、当たり前のことだから。生まれたら、病気になるし、怪我もする。年老いて、いつか死ぬ。年老いる前に死ぬこともあるけれど。人間関係も同じです。みんなと考え方が合うなんて、ありえません。それぞれの置かれた状況によって、考え方なんて簡単に変わります。

「昨日の敵は今日の友」であり、「昨日の友は今日の仇」なのです。そんなこと、わざわざ言うようなことでもない、当たり前のことです。けれども、その当たり前のことを、わかっていないのです。それが仏教でいわれる無明であり、三毒の煩悩のひとつ、愚痴なのです。

水と火の河に譬えられた、私たちの貪愛、瞋憎という二つの煩悩。その根っこにあるのが、真理に無知だという意味の愚痴です。

覚えていますか？　「二つの河あり」と書かれていた水と火の河が、「この大河を見て」に変わったという話。「あり」と認識されていた存在が「見る」存在になり、「河」だと認識していたものが「大河」になった。「大河を見る」とは、渡ることのできない河として見た。

けれども、その河の間にある細い道に一歩を踏み出すことができたのは、「こちらへ今すぐ来い、必ず護るぞ！」という、喚びかけが、自分への喚びかけとして聞こえたからだという話。

あの喚び声が、無量光といわれる阿弥陀さまの光であり、その光によって無明の闇が破られたのです。闇が破られたといっても、光に照らされて問題がなくなった、ハッピーになったのではなく、何が問題かがハッキリしたのです。そう、わかったつもり、知ったつもりの闇が破られ、自分自身も気づいていなかった、煩悩が見えたのです。では、煩悩とは何か？　それは、ありとあらゆることを量っている自分です。

健康であるとか、病気であるとか、お金がある、ない、いい学校を出た、出ていない、社会的地位がある、地位がない、持家だ、賃貸だ、結婚している、していない、子供がいる、いない、太っている、細い、背が高い、低い、男か、女か、もう、キリがありません！　と、そう言いましたが、女友達とカフェに行き、同じケーキを頼んだのに、友達の方が大きいのと違う？　上に乗っているイチゴ、私のより綺麗なイチゴと違うの？　と量ってしまう私がいます。

もっと言っちゃえば、店員さんが男性なら、友達の方が美人だからだと思い、女性の店員さんなら、私、何か感じ悪かったんかな？　と、思う。

アホかいな、です。でも、こんなばかげたことでも、量ってしまうんです。他者と比べ、時には、過去の自分とも比べる。昔は、もっとできたのにと。健康も、お金も、名誉も、他人からの注目も、何でも、手に入れることができれば、もっともっと欲しいと思う。手に入らなければ、悲しみ、怒る。あの人は持っている、過去の自分は持っていた、未来の自分はどうか？　そうして不安な気持ちと共に、量り続けるのです。

私たちは、誰かと比べ、誰かに評価をされるために生まれてきたのでしょうか？　そもそも評価基準なんて、国によっても、時代によっても、違います。そんなアテにならないことに、大事ないのちが振り回されるなんて、ほんと空しい。

お釈迦さまは、生まれてすぐに七歩歩くと、「天上天下唯我独尊」と仰いました。これは、「天上天下にただ一人の、誰とも代わることのできない人として、このいのちのままで尊い」という意味で、他者と比べて、私のいのちが尊いという意味ではありません。

世間の様々な価値観に関わらず、私たちのいのちは、そのままで尊いのです。お釈迦さまが明らかにしてくださったことは、「あなたは、誰と比べることも、代わることもできない尊い存在だ」ということです。そう、量ることの無いいのち（寿命）を今、私たちは、いただいているのです。これが「無量寿」であり、阿弥陀さまなのです。

東の岸から、お釈迦さまがAに向かって「行け」と仰ったのは、「法があるぞ、いのちの灯《ともしび》、真の拠り所があるぞ」との声だと言いましたが、「あなたは誰と比べることも、代わることもできない尊い存在ですよ、その真実に気づいてください。自分のいのちを量ることは、空しいことですよ。『量ることの無いいのち（無量寿）』である阿弥陀さまを拠り所として、いただいたいのちをまっとうしてください」との、お勧めでもあるのです。

そうしてAは、阿弥陀さまの光に照らされることによって、わかったつもりでいた自分自身の煩悩をハッキリと知らされると同時に、その煩悩の身のままで、阿弥陀さまのお浄土に導かれることがハッキリと決まったのです。

ちなみに、自分の本当の姿を知らされることを「機《き》の深信《じんしん》」、そんな私を必ず救うと誓い、導いてくださるはたらきがあったと知らされることを「法《ほう》の深信《じんしん》」といいます。

つまりAの本当の姿とは、「欲もおおく、いかり、はらだち、そねみ、ねたむこころおおく」、それは絶え間なく、臨終の間際まで「とどまらず、きえず、たえず」です。これはフランソワでTやYに話していた親鸞さんの著書『一念多念文意』に書かれている言葉ですが、まさに煩悩まみれ。否、煩悩まみれの状態に名前を付ければ、Aになるのです。Aといっていますが、Tであり、Yであり、私なんですけどね。

そんなAから、阿弥陀さまのお浄土を求める心が出てくることなど、ありえないのです。けれども、そのありえない心が起こされたのです。とても弱い、かすかな心ですが、真実を求める心が起こされた。それを、信心といいます。けれどもそれは、とても弱い心なので、自分では保つことができないのです。否、保とうと頑張ると、例のお掃除おばあさんのようなことになってしまう、やっかいなものなのです。なので、自分ではなく、誰かに護ってもらう必要があります。これを善導さんは、「信心守護」といいます。

ここで、西の岸からの阿弥陀さまの喚びかけを思い出してください。「我よく汝を護らん」との喚びかけがありましたが、この「護」という文字について親鸞さんは、「摂取不捨を形《あらわ》すの貌《かおばせ》なり」と書いています。つまり、私たちに生じた、あるかなしかのささやかな信心を、護ってくださるのが阿弥陀さまなのです。

いきなり結論！みたいな言い方をしましたが、これは阿弥陀さまの存在意義に関わることですから、確かなことです。なぜなら、摂取して捨てないはたらきを、阿弥陀と名づけるからです。


さて、四、五寸という、両足を揃えて立てないほどの細い道。これは、Aに起こされた信心が、かすかだということのメタファーでもあります。そして白道の白色は、荒れ狂う煩悩の河の真っただ中にあって、Aに起こされた阿弥陀さまの浄土を願う清らかな心のメタファーです。

つまり細くて白い道は、Aに起こされた信心をたとえているのです。でも、それだけではありません。その信心を護る、阿弥陀さまのはたらきも同時にあるのです。それは専門用語で「本願」といわれる、「生きとし生けるものすべてを救う」という願いです。

「生きとし生けるもの」とは、Aであり、Tであり、Yであり、私であり、今、この本を読んでくださっている、あなたです。そうです、悲しみ、苦しみ、迷い、そんな問題だらけの、まるで嵐の中で、自分の煩悩によって目隠しをされたような状態のこの私を、照らし、導くはたらきがあるのです。それが、白い道であり、空しさを超える道なのです。

逆の言い方をすれば、西の岸にたとえられた、量ることのない真実の世界であるお浄土がわからないから、私たちは苦しみ、迷い、そしてお互いに傷つけあってしまうのです。

「本当のことがわからないと、本当でないものを本当にする」。これは先に紹介した、仏教学者、安田理深《やすだりじん》の言葉です。真実である本当のことが見えず、わからないから、本当ではない、仮のものや、偽のもの、つまりその時々の自分の都合が満たされることを目標に生きる私たち。けれども、その時々の都合である、仮のものや偽のものをいくら満たしても、空しいだけ。だって、肝心要の本当の自分の人生が、満たされていないからです。

現に、一〇年以上も待ち望んだプロポーズを受けたT、経済的な豊かさと温かい家族、物心共に満たされた生活を手に入れたY、彼女たちが直面したのは、その空しさでした。

「空曠《くうこう》の迴《はるか》なる処に至るに、さらに人物《にんもつ》なし」として、誰一人いない荒野にいたAも、そうです。TやY、そしてAと一緒にするのも、どうかと思いますが、実は東の岸に立ち、阿弥陀さまのお浄土を勧めてくださった、お釈迦さまとも重なります。

こんな話が残っています。

釈迦族の王子だったお釈迦さまはある日、お城の東の門から外に出かけます。すると、腰の曲がった老人を見ました。お城の中には若く美しく健康な人しかいなかったので、年老いた人間の姿に驚き、避けるようにして、次は南の門から出かけました。するとそこには病人がいて、今度は西の門から出ると、死人が横たわっていました。最後に北の門の外で僧侶を見て、出家を決意したといわれています。

この話が表しているのは、一国の王子として、お金や権力、社会的地位があっても、自分も老い、病み、そして死ぬという事実です。これは仏教でいわれる生・老・病・死の四苦、生まれた苦しみ、老いる苦しみ、病む苦しみ、死ぬ苦しみの四つです。

ちなみに、愛する人と別れる苦しみ（愛別離苦《あいべつりく》）、苦手な人と一緒にいる苦しみ（怨憎会苦《おんぞうえく》）、求めても得られない苦しみ（求不得苦《ぐふとくく》）、身や心によって生じる苦しみ（五蘊盛苦《ごうんじょうく》）の四つを合わせて、八苦といいます。大変な苦労をする意味の「四苦八苦」はここからきています。

さて、ゴータマ・シッダールタという名の王子だったお釈迦さまが見たのは、老人や病人、死人ではなく、避けることも、逃げることも、なくすこともできない、いのちの事実だったのです。

その事実から目を背け、贅沢の極みを享受できるお城の中に籠っていても、空しい。否、それは真綿で首を締められるような恐怖です。目先の享楽で眼《まなこ》を覆い隠しても、老いや病、そして死は確実にやってくるからです。

根源的といってもいい、それらの苦しみ、悲しみに直面した時、人生は一気に色褪せるだけでなく、空しいものに感じられてしまいます。老いて死ぬ、病で死ぬ、どちらにしても死ぬのなら、なぜ生きる？と。

Yの言葉を借りれば、それが空しさの穴なのかもしれません。気づいていない穴はたくさんあって、何かのはずみで穴の存在を知らされる。シッダールタ王子でいえば、そのきっかけが、この四つの門での出来事だったのではないでしょうか。

これは私の想像にすぎません。けれども、シッダールタ王子は空しさの穴に落ち、空しさを知り、空しさを超える道はないかと、道を求める心が起こされ、生老病死という人生の苦しみ、悩みを超える道を求めて、二十九歳の時に、出家をされたのではないでしょうか。

その後六年間にも及ぶ厳しい苦行を捨てて、菩提樹の下で瞑想に入った四十九日目、十二月八日の早朝に覚りを開かれました。

覚りを開くとは、真実に目覚めたということです。お釈迦さまのことを、目覚めた人という意味の仏陀（ブッダ）と呼ぶのはこのことからです。覚りのことを「道を成ずる」という意味の「成《じょう》道《どう》」ともいいますが、見えない道でたとえられています。

その道は既にあったのです。けれども、誰も歩かず、どこにあるかもわからなくなっていた。その道を見つけ、歩き、道として完成させたのがお釈迦さまだったのです。そうです、お釈迦さまによって道と成ったのです。その道が、「二河白道」でたとえられる白い道なのです。

お釈迦さまご自身が見つけ、歩かれた道だから、「行け」とAに勧められたのです。私も渡った道がある、だから安心して進め、と。では、空しさを超える白い道を渡り切り、西の岸にたどり着いたA。そのことが意味することは、何でしょうか？　おっと、その前に「善友」って誰？

香月院深励さんは、善友は阿弥陀さんだと書いていましたが、正直なところ、私は誰かわかりません。けれども、誰かに限定することでもないと思っています。文字通り、善き友なのです。ここでいう善き友とは、自分の都合にいい友ではありません。白い道を歩ませるものが「善友」であり、歩みを止まらせるものが「群賊悪獣」なのです。

ちょっと余談になりますが、興味深い話があります。シッダールタ王子が出家しようとした時、ちょうど息子が生まれました。こんなに可愛いらしい子とは離れがたく、出家を思いとどまるのではないかと、家族の誰もが思いました。ところがです。あろうことか、シッダールタ王子、我が子に「ラーフラ」と名づけて、お城を出て行きました。ラーフラとは障碍《しょうげ》、自分にとって妨げになるものという意味です。

ヒドイ！　人でなし！　です。けれども、可愛い我が子の存在によって、道を求める気持ちが妨げられ、歩みが止まることは想像に難くありません。反対に言えば、妨げになるほど可愛く、離れがたい存在だったということなんでしょうね。

ちなみにラーフラくん、その後、出家します。お釈迦さまの十大弟子のひとり、羅睺羅《らごら》がその人です。ラーフラにとって、そしてお釈迦さまにとっても、互いが善き友になったのですね。

では、私にとっての善友は誰かと考えた時、お顔が浮かぶのは、聴講生として学んでいる大学の教授であり、一緒に学ぶ仲間であり、両親であり、大行寺のご門徒さん、サンフランシスコで今も続いている「写経の会」に来てくださっている方たちです。その方たちは、私の歩みの動機であり、力だからです。でも、大事な人を一人忘れています。弟です。

家出先のアメリカで、ビザのために取った僧侶の資格があるからと、猫を亡くして悲しむ友人のためにお葬式を行い、それを縁として「写経の会」が始まり、いつしかアメリカにお寺をつくるという大きな動きになっていた、その時でした。それは、爪に火を点すような日々を重ね、ようやく生活が安定し始めた頃でもありました。弟は「お坊さんが嫌だから、お姉ちゃん帰ってきて寺を継いで」と電話口で私に伝えると、サッサと寺を出て行ったのです。

ちょっと待て！です。私の人生を邪魔し、壊し、無くした弟。不本意の極みの中で帰国した私は、弟を殺したいとまで思うほど追い詰められていました。けれども、彼がいなければ、彼が寺を出ていかなければ、今の私は存在していないのです。私の都合には悪くても、白い道を歩ませたのは、間違いなく、寺を出て行った弟の存在なのです。

「西の岸に到りて永く諸難を離る」とは、「西の岸に到ると、諸々の難が永遠に離れる」ということです。西の岸、つまり阿弥陀さまのお浄土に立つと、諸々の災難が離れる。これ、諸難がなくなるとは、書いていません。西の岸である、阿弥陀さまのお浄土に着いても、起こった事実は消えずに残るからです。けれども、「難」としての関わり方を離れます。諸難の事実が事実として、見えるようになるのです。どういうことか？

弟に寺を出て行かれたのでも、出て行ってもらったのでもなく、出たという事実があるだけだということです。両親や寺、ご門徒さんが、弟に捨てられたのでも、両親が出来の悪い弟を見限ったのでもないのです。そうなんです。被害者も、加害者もないのです。

そもそもハッキリ申し上げて、弟と私の関係において、私が加害者ということはあり得ません。これは私の自覚の問題ではなく、どこを、どう考えても、私が加害者になる可能性はミジンコほどもないからです。

弟の我儘によって、異国の地で苦労して築き上げた全てを手放し、後継ぎとして日本に帰ってくることになったのです。四十歳を目前にして、人生を翻弄された私が加害者なんて、ちゃんちゃらおかしい。が、それでも、私の存在自体が弟にプレッシャーを与えていたとしたら、トバッチリ以外の何ものでもないですが、私は加害者です。はなはだ不本意ですけどね。

でもね、事実が事実として見えることにより、その不本意な加害者という立場から解放されるのです。加害者から解放されるのですから、当然、被害者という立場からも解放されます。私はもはや、加害者でも、被害者でもないのです。もちろん、弟もそうです。そして、両親もそう。

あるのは、弟が寺を出たという事実だけ。もちろん、その事実はなくなりませんし、本音を言えば、私は一生、弟を許さないし、許せない。頭で理解できたつもりでも、腹の底にあるものはなくならない。けれども事実は、様々な縁が整い、弟が寺を出た。それだけのことなのです。

当然のことながら、そして繰り返しになりますが、そこには加害者も被害者も存在しません。つまり難としての関わり方を離れ、諸難の事実が事実として見えるようになるというのは、私でいえば、被害者からの解放であり、加害者かもしれないとの思いからの解放です。私も、弟も、両親も、その誰もが、誰かによって傷つけられたのでも、誰かを傷つけたのでもない、ということなのです。

そしてその事実に、私は救われた思いがするのです。

けれども、私の心は絶えず移ろいでいます。「その事実に救われた」と穏やかに言ったかと思えば、「一生、許さない」と、恨みつらみを口にする。どっちなん？と、自分で自分にツッコんでしまいそうですが、どちらも私です。けれども、立っている場所が違うのです。

「許さない」と言った私は、私を包む見えない思いの殻、自我の中に立っています。それに対して「救われた」と言った私は、西の岸、阿弥陀さまのお浄土に立った視点です。つまり「許せない」というのは私の思いであり、自我です。自分の立場で物事を見て、自分の経験で判断し、許せないと思い、そしてその対象を、私を傷つけた加害者、もしくは敵だと思う。

けれども事実は？ 加害者も、被害者も、ましてや敵など存在しないのです。阿弥陀さまのお浄土である西の岸に立つとは、真実に立つということです。なぜなら、阿弥陀如来といわれる、阿弥陀さま。この如来の「如」は、真実という意味だからです。本当のものを知らず、本当ではない「仮」や「偽」のものを本当だと思い、迷っている私たちに、真実を知らせようと、「如（真実）」から「来」てくださったのが「如来」さまです。

では真実とは何か？ 「天上天下唯我独尊」です。世間の様々な価値観にかかわらず、私たちのいのちは、そのままで尊いのです。誰と比べることも、代わることもできない尊い存在、量ることの無いいのち（寿命）、「無量寿」をいただいているのです。

それが、無量寿である阿弥陀さまという名を称えることで、私への喚びかけとなり、私がその事実をいただくのです。名を称えるとは、南無阿弥陀仏のお念仏です。

ややこしい言い方をしてしまいました。ザックリ言うと、お念仏は私がしているように見えるけれど、実は、私がいただいている、ってことです。ザックリ言いすぎましたが。

さて、「念仏は自我崩壊の音であり、自己誕生の産声である」。これは、仏教学者、金子大榮（一八八一～一九七六）の言葉です。自我からの解放は、思いの殻、つまり主観の思いからの解放です。それによって、無量寿のいのちとしての、私のいのちが始まるのです。

そうして始められたいのちは、長い短い、健康か病気かといった、あらゆる量ることから解放されたいのちです。もちろん空しさからも解放されています。

長かろうと短かろうと、健康であろうと病気であろうと、私が私として、いただいたいのちをまっとうできるのです。どのような状態、境遇にあっても、いのちをまっとうできること。これが、空しさを超える道であり、私たちにとっての救いなのです。

けれども実際には、すぐに主観の思いに飲み込まれてしまう私です。親鸞さんが詠まれた歌ではないですが「煩悩にまなこさへられて」です。だからこその、お念仏なんです。量ることを超えた世界を念じながら、量る世界で生きるのです。

今、自分は量っていると知ることと、知らずに量っているのでは、まったく違います。それは、損得の問題ではありません。女友達と行ったカフェでの話ではないですが、ケーキの大きさを比べた恥ずかしい私だと知ることと、感じ悪いわぁ、なんで大きさ違うん？と不快に思ったままの私。その違いは、友人と共に過ごす時間も、その後の時間も、すべてを変えます。

「浄土を念じて今を生きる」。これは恩師の言葉です。真実である浄土を念じながら、真実のカケラも出てこない我が身を生きる。その姿はまるで、真の拠り所である西の岸からの喚び声を聞きながら、細く白い道を歩むAです。

そうして、西の岸にたどり着いたA。振り返ると、そこには何が見えたでしょうか？ 津波のような水の河に、燃え盛る火の河。その間にある、一本の細く白い道。向こう岸には、群賊悪獣がいます。それらを、真実の大地に立って見ると、気づかされることがあります。

群賊悪獣に追いかけられている時や、貪欲、瞋恚といった煩悩の真っただ中にいた時にはわからなかったことです。それは、それらの何かひとつが欠けても、自分はこの大地に立っていないということです。

辛かったことも、怖かったことも、悲しかったこと、苦しかったこと、何なら、恥ずかしかったこと、色々あったけれど、無駄なことなど、ひとつもなかったのです。あんなに恐ろしかった群賊悪獣でさえ、一歩を踏み出させる大事な存在だったのです。

過去を思い出し、アメリカで生きていくためのビザ欲しさに出家得度したと、まるで仏さまを利用したような自分の行いを悔いた私ですが、アメリカに家出をしていなければ、お坊さんになっていなかったのです。寺を出て行った弟が私の善友であるように、無駄なことなど何もないのです。

自分の思いの殻の中にいるのは、夢の中にいることと同じだと言いました。では、自分の思いの中にいたことは、無駄だったのでしょうか？　例えば、五年もの片想いを貫いたY。彼女は、ただ上司が好きでした。Tとは違い、彼との結婚を求めたのではなく、誰かを大切に思えることが幸せだったのです。その後、思い違い事件をきっかけに、気持ちを断ち切り、アメリカに渡りました。そして温かな家庭を築いた今、ハッキリと知らされるのは、上司との時間も関係も無駄ではなかったということです。

彼との関係があり、今があるのです。今が受け止められて、今という大地にしっかりと立つことができて、過去が変えられたのです。仕事を辞めるという選択をさせるほどの辛い過去の関係が、再会した時には笑顔ですごせるような関係に変えられたのです。

時が解決したのではなく、関係の意味が変えられたのです。それに対してTは、今の状況を、まだ受け止めることができていません。今が受け止められないと、過去は執着するものであり、空しいものになってしまいます。さぁ、TとYは、この話をどう受け止めてくれるのか。空しさを超える物語として、どうか彼女たちに届きますように。

第Ⅳ章　空しさを超えて

二曲屏風の前で

「空しいってことは、あるってことなんだね」。食べ終わったばかりの松花堂に蓋をかぶせながら、唐突にYが言った。黒塗りの箱を背景にして、左薬指のハリーウィンストンの四角い石が、本堂の間接照明の明かりを受けて虹色に輝いている。

あれから、ひと月半ほどが経っていた。ノリで盛り上がっただけかと思っていたら、その日の夜にYから、そして翌日にはTからメールがきた。「二河白道の譬え」のメタファーの説明を頼んだことの確認と、ちゃんと説明してという依頼だった。

夏はお盆のお参りもあるのに……と、正直、困ったなと思う気持ちもあったけど、仏教のことを聞かれるのは、その何倍も、何十倍も、嬉しい。私は張り切って、資料のようなものを作り始めた。最初は箇条書きくらいの簡単なものを考えていたが、いざ書き始めると、Tの「エビデンスは？」という声が聞こえるようで、根拠も書くようにした。文字にすることで、私自身、わかったつもりになっていただけだったと、気づかされることが多くあった。

おかげで、空しさを超える物語として、TやYに届くことを願った「二河白道の譬え」が、他人事ではなく、いつしか私事《わたくしごと》になっていった。

言葉に託された願いを紐解くうちに、作者の善導さんや、その著書『観経疏』、基となった『仏説観無量寿経』（善導さんの読み方をすれば『仏説無量寿観経』だけど）が気になり始めた。それはまるで、川伝いに遡り、源流を訪ねる旅のようでワクワクした。

そうして、たどり着いたところは、お釈迦さまの説法の会座《えざ》。二千五百年前の人たちも、現代の私たちと同じ悲しみ、苦しみ、悩みを抱えていた。時代が変わり、政治体制が変わり、着ているもの、食べているものが変わっても、国が違っても同じ。そう、私たちの悲しみ、苦しみ、悩みは普遍。であれば、そこにはたらく教えも普遍。お釈迦さまの説法は、二千五百年前の会座で、直接話を聞くことができた人たちだけのものではなく、他でもない私のための説法だったんだ！

おっと、一人で盛り上がってしまった。とにもかくにも、そうしてメタファーの説明が出来ると、メールで二人に送った。ほどなくしてYから「善導さんってどんな人?」、Tからは「そもそも『観経』って、どんなお経?」と質問のメールがきた。私は、それらを簡単にまとめると、またメールで送った。すると、三人で集まろうという話になり、江戸時代の「二河白道の譬え」の版画も見たいということで、会場は大行寺に決まった。

「夕食のアレンジもお願い〜　予算は一人五千円くらいで;)」。ウインクの絵文字付きで、Yがグループチャットに書き込むと、それに素早くTが反応した。「英月ちゃん、Thanks　楽しみにしている。今、金沢にいるから、お土産に中田屋のきんつばを買って行くね」。

中田屋さんのきんつば!　心の中で声が裏返った。きんつば嫌いの私を一口で虜にした、あのきんつば。思わず「うぐいすもお願い」と書き込み、慌てて「お店を考えておくね」と申し訳程度に付け加えた。今までも京都でのお店選びは、私に一任されてきたけれど、さて、今回はどこがいいだろう?　私は、考えを巡らせた。

京都では、日常生活に仕出しが根づいている。人数と予算、そして会の目的などを伝えると、当日は、配膳までしてくれる。飲み物のグラスも借りることができて、ほんと、至れり尽くせり。今回の集まりは、版画を見ることと「二河白道の譬え」の話をすることが目的。だったら外に食べに行かず、仕出しを取って、寺でゆっくりしよう。

では、どこでお願いしようか?　最初に浮かんだのが、ご近所の木乃婦さん。大行寺でご門徒さんと一緒にお勤めをする、初夏の永代経や冬の報恩講など、法要のお斎《とき》は、子供の頃からここだ。

お店に食べに行くこともあり、私にすれば、「ほっ」とする懐かしい京都の味。

他には、TやYとも食べに行ったことがある、京都の中央卸売市場近くで百年余り続く井政さんは、どうだろうか？　茶福箱というお弁当は京都駅まで届けてもらえるので、香港に帰る日はそれを頼み、飛行機の中で食べるのが楽しみだとTが言っていた。となると、違うお店の方がいいかもしれない。

では、下鴨茶寮さんはどうだろう。お店でしか食べたことがないが、上質な美しい味に、さすがと唸った。総支配人、男前のNさんにお願いしてみようか？　ちなみに、男前というのは見た目のことではない（見た目も男前だけど）、前職でアフリカに住んでいた時のエピソードが男前すぎるのだ。いや、ちょっと待て。男前はいいが、予算は五千円。これでお願いするのは、あまりにも心苦しい。というか、ムリだ。

では、目先を変えて、鰻にするか？　九州の柳川、名古屋、静岡、そして東京、鰻の美味しいお店は全国に数多《あまた》あるが、京都も忘れないでほしい。江戸時代に川魚料理屋として創業した竹茂楼さん。お店で食べると、最後に出てくる名物の鰻かば焼。それがうなぎ重となって、届けてもらえる。

あぁ、悩ましい。木乃婦さん、井政さん、竹茂楼さん、どないしょ。迷いあぐねて二人に聞くと、アッサリと木乃婦さんに決まった。だけでなく、「デザートはオーレリーのエクレアが食べたい」と、Yの一言で、デザートも決まった。オーレリーさんは予約制の洋菓子店で、オーダーをすると、オーナーパティシエ自ら自転車に乗って届けてくれる。いかつい見かけ（失礼！）に反して、生み出される繊細な味に驚く。

さぁ、これで決まった。夕食は木乃婦さんの仕出し、デザートはオーレリーさんのエクレア、正式名称、エクレール・オ・キャラメル。飲み物は各自、飲みたいものを持って来る。楽しみだ。

そうして迎えた当日、時間通りに来たのはTだった。中田屋さんのきんつばと、佐々木酒造さんの聚楽第を手にしている。

「石川のお酒と迷ったけど、豊臣秀吉つながりで、これにしたよ。秀吉が建てた月見御殿跡にある英月ちゃんのお寺で食事をするなら、同じく秀吉が建てた聚楽第と名づけられたお酒がいいと思って」。「名前だけじゃないよ。たしか、佐々木さんの蔵は、聚楽第があった場所じゃなかったかな？」「そうなの？　どちらにしても、下戸の英月ちゃんは飲めないけどね」と言って、笑いながら境内で立ち話をしていると、Yがやって来た。

手にしているのは、革をメッシュに編み上げたボッテガヴェネタのトートバック、しかも淡い白色。汚れが目立つやんと、自分の鞄でもないのに心配してしまう。「見て〜。買っちゃった」。新しい玩具を手にした子どものようで、相変わらず屈託がない。

「限定品だったから、つい……。でも、革がしっかりしているから、意外と重くて」と言うと、何かを思い出したように、鞄の中を探る。そして、中が見えないようにと、上に被せたエルメスのスカーフの下から、おもむろにワインのボトルを取り出した。

「これが重かったんだ」。「オーパス！」、Tと私の声が重なった。しかも、横顔が描かれているラベルの方だ。「どうしたの?」と、Tが前のめり気味に聞く。「日本に帰ってくる前の週末に家族でナパにピクニックに行ったから、箱で買って、三本を日本に持ってきた」「箱って?」「六本買った」「財閥～」。三人寄ればかしましい。キャッキャと騒いでいると、木乃婦さんの車が門の前に停まった。

それを見て、「ケータリングで京都の料亭のお料理が食べられるって、最高だね」とYが嬉しそうに言う。「英月ちゃん、ありがとう」と言うTに、「私はファックスを送っただけだよ」と、笑って答える。本堂の真ん中に用意した机にお膳を並べてもらうが、いつものことながらキビキビとしていて、見ていて気持ちがいい。「食べる前からショーが始まっているみたいだね」と、Yが感心している。鉢上げの時間を確認し、配達に来た青年たちが帰ると、待ちかねたようにYが言った。「コレね」と。

二人のためにわざわざ二曲屏風を、玄関から本堂に持ってきておいてよかった。吸い寄せられるように屏風の前に進むYは、いつの間にか白い靴下をちゃんと履いている。おじいちゃん、おばあちゃんと、一緒に暮らしていただけのことはある。「ゴメン、靴下のこと、まったく忘れてた。お寺さんにお参りするのに……」と言うTに、「気にしないで」と声をかけている間に、Yはご本尊の阿弥陀さまの前で手を合わせている。その姿を見てTも、そして私も前に進み、座って手を合わせる。

「よかった。今回もお参りができて」。ほっとしたような優しい笑顔で言うと、Yは「サンフランシスコに帰るまでに、カイとアスカともお参りに来させてね」と続けた。頷く私の横で、「美しい。さすが、鎌倉時代の快慶の仏像」と、うっとりとTが言う。

「鎌倉時代かぁ。何を見てこられたんだろう」と、阿弥陀さまのお顔を見上げてYがつぶやいた。「何だろう……。ロクなことは見てないと思うけどね」。「お坊さん、何てことを……」。「だって、鎌倉時代から今まで、戦乱はいっぱいあったし、疫病も飢饉もあった。時には、我が世の春と浮かれた権力者を見ることもあったかも。どちらにしても、ロクなことを見ていないと思うよ」。「確かに」と、歴史好きのTが頷く。

「でも、この仏像は残ったんだよね。様々な縁によって、たまたま残ることができた。そんな鎌倉時代の仏像を通して、どんな状況の中であっても、人は生き続けてきたという事実に触れることができるんだと思う」と言う私の言葉を聞いて、阿弥陀さまを見つめたまま、静かにYも頷いている。

「私たちがこうしてお参りするのは、そんな仏像を通して、『大丈夫だよ』っていう、いのちの先輩たちからの声を聞かせてもらうことなんだと思う。それが、仏像に託された願いでもあるんじゃないかな」と、私は言葉を続けた。

「私なんて、表面的なことに目がいってしまうから、そう言われると恥ずかしい。つい、快慶の仏像だとか、重要文化財だとか、そういうことで判断して、良いものを見たと喜んで……」。どんな言葉でもシリアスに聞こえてしまうTが言うと、自分の犯した罪を悔い、神仏に赦しを乞う懺悔のように聞こえてしまう。

それはYも同じだったようで、「ザンゲしているの？」と笑って言う。Tが言い返そうとする前に、「ザンゲじゃなくて、サンゲ。懺悔は元々仏教語だから、仏教ではサンゲって読むよ」と、お坊さんらしいことを言ってみる。「へ〜」と感心しているYの横で、出鼻をくじかれたTは黙っている。

「確かに美しいし、Tみたいに喜んでお参りする人が、ほとんどだと思うよ」と言うと、彼女の頬が少し緩んだ。それを見て、私は続ける。「でも、それでお参りしたと思ってしまったら、もったいないよ」。驚いた表情で、Tが私を見る。「お坊さん、どういうこと？」と、Yも視線を向ける。

一呼吸置いて、私は口を開く。

「生きていたら、色々な壁にぶちあたるし、空しくもなる。人生詰んだって、感じることも起こる。ふと気づけば、思い描いていた未来じゃない、わけのわからない現実に立たされていて、茫然とする。まぁ、私がそうだけど。まさか実家の寺を継ぐなんてね。でも、それはすべて、自分の思いの殻の中でのこと。そんな自分の都合や価値観、そして世間の価値観もだけど、そういうものは簡単に行き詰る。けれども、行き詰っているのは自分の思いだけ。硬い殻の外にも、世界はあるんだよ。それが『大丈夫』ってことだし、『いのちの事実』。阿弥陀さまは、それが形となったものだから、目に見えるお姿に託された願いに心を向けなきゃ、もったいないよ」。

「それが、たとえ話になったのが、『二河白道の譬え』だよね？」と、ちょっぴりドヤ顔でYが言う。私が送った資料は、ちゃんと読んだよと言わんばかりだ。「はぁ。やっぱり、秘密の古代文書はすごいよねぇ」と、Tがしみじみと言う。「だから、秘密の文書じゃないから」と笑いながら言うと、私は立ち上がり、二人に声をかけた。「さぁ！　食べよ。日本酒から始める？」。

意外なことにというか、当然のことながら、話は「二河白道の譬え」で盛り上がった。特に水と火の河の話題になった時、つまり煩悩の話になった時は、お酒が入っていることもあってか、過去の様々な悪業の暴露大会の様相を呈した。

その中で一番驚いたことは、Tの不倫は今回が初めてではなかったということ。〝銀行〟との一件は三回目というか、三人目。いずれのケースでも相手側は離婚をしたということを、シレッと話すTに、妻という立場のYが嚙みついた。

「相手が離婚したことを手柄みたいに話すんだね」。口元近くまで運んでいた杯を、そのままテーブルの上に戻すと、Tが言い返した。「恋愛は戦いよ。同じ土俵で戦うのだから、奥さんがいるからといって、その気持ちを抑えるとか、奥さんに遠慮するのはフェアじゃない。それは、奥さんに対しても失礼。私は正々堂々、戦うの。そうして、勝ってきたの」。

Yが箸をお膳に置く音が響く。まるで「はぁ?!」という心の声を代弁しているようだ。それが本当の声になって彼女の口から出てくる前にと、私はあわててTに話しかける。

努めて明るく、「じゃあ、三戦三勝ってとこかぁ。なるほどね。そう言われてみれば確かに、T

が言うように、正々堂々かもね」と言った。本当は正々堂々の前に「あなたにとっては」という言葉があったけど、それは飲み込んだ。「で、ちゃんとフェアに戦って、そして勝って、何を得たの？」。

一瞬、場が固まった。Tを追い詰めるような口調になってしまい、ハッとする。Tの言動を否定する気持ちが少なからずあり、それがキツイ口調となって顔を出してしまったのだ。口喧嘩になる前に丸く収めようとして、Tを傷つけるようなことをまた言ってしまった。

俯《うつむ》き、手にした杯に目を落としているTの姿を見て、心の古傷が痛む。結局のところ、おせっかいな私の「いい人でいたい」思いが、また彼女を傷つけたのだ。

はぁ、だよ。がっかりだよ。自分にがっかり。空しさを超える物語が「二河白道の譬え」です。仏教ではこう説かれていますと、したり顔で話しても、話している私の根性は何も変わらない。思わず、小さなため息が出る。

すると、それを押しのけるような深いため息が聞こえた。Tだった。彼女はもう一度小さなため息をつくと、「空しいね」と言って顔を上げ、言葉を続けた。

「自分に自信がないんだよね、きっと。だから私だけが選ぶ男性は、本当に選んでいいのか？って、不安になるの。誰かが先に選んでくれていたら、一定の評価はされているわけだから、安心して恋愛ができる気がするんだよね」。

「……わからなくもないかなぁ。それって、ネットで買い物をしようとして、自分が選んだ商品に、ひとつもレビューがないと不安になるのに似ている？　私がいいと思った商品、誰も買ってないの？って」私は歩み寄った。

「うまいこと言うねぇ。たぶん、そんな感じ。だから、彼女とか奥さんがいる人の方が、魅力的に見えるんだと思う。でもいざ、その人がパートナーと別れたら……。なんか、違うんだよね」。私はTの表情を注意深く探る。傷つけてしまったと思ったのは、杞憂だったのかもしれない。

「じゃあ、Tは何を求めて恋愛をしているの？」。Yの直球の言葉にドキッとするが、Tは気にする様子もない。「『なぜ山にのぼるのか？　そこに山があるからだ』って言った登山家がいたらしいけど」。「ジョージ・マロリーね」私はイギリスの登山家の名前を出す。よかった、Tが俯いたのは、私の言葉で傷つけられたからではなかったのかもしれない。

「そう、ジョージ・マロリー。彼じゃないけど、なぜ恋愛をするのか？　そこに、素敵な人がいるから、かな」。「ははは！　Tの口調で言われたら、すごく哲学的に聞こえるから不思議。でも、素敵な人じゃないでしょ？　素敵な妻帯者でしょ？」。

あぁ、どうして、そう喧嘩を吹っかけるようなことを言う？　と、Yを見ると、本人はシレッとした顔をして、天ぷらの海老を箸でつまみ上げている。確かにYが言ったことは事実だ。事実だからこそ人を傷つける。そして私は、自分が思う正義で人を傷つける。わかっちゃいるのに、だ。でも、傷つけないことなど、できるのだろうか。

注意をし、意識をすることで、なくすことができるのだろうか。残念だけど、きっとムリ。人を傷つけない私にはなれない。私がいうと自己弁護に聞こえてしまうけれど、大事なことは、人を傷つける私だと知ることなんだと思う。よく耳にする「迷惑をかけないように」って言葉も同じ。迷惑をかけずに生きていくことが大事なのじゃなく、迷惑をかけずには生きられない私だって知ることが大事なのだ。

きっと私はこれからも、傷つけ、傷つけられ、迷惑をかけ、かけられていく。すまんな友よと、向かいに座っているYを見ると、美味しそうに海老の天ぷらを頬張っている。横目でTを見ると、口に入れた生麩の田楽から、青竹の小さな串を、ゆっくりと引き抜いたところだった。そして、口元を手のひらで隠しながら「でも、純粋に恋愛をしてきたわ」とだけ、Yに言った。

あぁそうだった、TとYのいつもの言い合いが始まったところだった。お互いに一目を置いているのか、ある種の信頼があるのだと思う。だからこそ、こうして本音がぶつけられる。しかし、二人とも口に食べ物が入っているので、話したくても話せない。会話が途切れ、無言が続く。気まずい時間だが、私は口をつぐむ。おせっかいな口出しはすまい。そんな時間を先に破ったのは、Tだった。

「相手は妻帯者ばかりだったかもしれないけど、結婚が目的の恋愛じゃなかったから、純粋な恋愛ができたわ」。受けて立つと言わんばかりに、Yが口を開いた。「確かに、私はケンが資産家じゃなかったら、結婚していなかったかもしれないけどね」。あ〜、言っちゃった〜。Yは正直すぎると思いながら、私はお椀に手を伸ばす。「じゃあ、聞くけど、結婚が目的の恋愛は純粋じゃないの？

私は純粋に自分の幸せを求めたわ。貧乏だったたし、上司とのこともあったから。そもそも、恋愛に純粋も不純もないと思うけど。ねぇ、お坊さん、どう思う？」。

おっと。高みの見物を決め込みたいのに、いきなり会話に引きずり込まれてしまった。私はお椀をお膳に戻すと、ゆっくりと口を開いた。また、誰かを傷つけてしまうかもしれない。けれども、それを恐れて、耳に優しい綺麗ごとを言うのも違う気がする。Yの肩を持つようなことも言えず、さらには、またTを傷つけてしまうかもしれない。じゃあ、どうする？　私ができるのは、仏教の教えに尋ねるとどうか？　それを、二人に相談させてもらうことだけ。私はこう聞いたけど、どう思う？と。そのことが自分の中でハッキリすると、少し楽になった。

「そうだね。純粋が正しくて、不純が間違っているみたいに聞こえるけど、そもそも恋愛に、正しい、間違っているって、ないと思う。もちろん、純粋も不純もない。自分がそう思っているだけ。純粋だと思った関係が不純になることもあるだろうし、その逆もある。もっといえば、片方は純粋だと思っていても、相手は不純かもしれない。所詮、自分勝手な思いの殻の中でのこと」。

「そうだよねぇ」と頷きながら、Yは二本目の海老の天ぷらに箸を伸ばす。

「パートナーがいる人との恋愛も、そう。もちろん倫理的にはダメだけどね。ダメでも、誰かを大事に思い、そしてその気持ちが重なることってあると思うよ。いずれにしても、縁が整って、恋愛関係になれるんだから。どんなに相思相愛でも、縁が整わなければ一緒になれないし、反対に、好きでもなかったんだけど……という人とも、縁が整えば、一緒になることもある」。

「そうだね」と、Yが口を開く。「私が日本のホテルで働いていた時の上司の話、覚えてる?」。Tと私が頷く。「整わなかったんだね、縁が。頑張ったんだけどな」。「お互い、勘違いしてたって話でしょ?」とTが言うと、Yがそうそうと言って言葉を続ける。

「ご縁がないのも、いいご縁なのかもね。素敵な上司だったんだけどなぁ〜」。「そのおかげで、Yはカイとアスカに出会えたし、私たちとも出会えた。おまけに、古代の秘密の文書の話をすることもできる。彼に乾杯だね!」。そう言うと、Tは杯を少し上げてみせた。

「空しさ問題」——付加価値問題と自分本体問題

「楽しく飲んでいるのに、申し訳ないけど」と、冷たいほうじ茶が入ったグラスをテーブルに置きながら私は切り出した。「ちょっと気になったから、一言だけ……」。二人の視線が集まる。

「さっきTが、空しいって言ったでしょ? あれが、気になってるの」。私は続けた。「そもそも今回『二河白道の譬え』の話になったのも、Yが空しいって言ったことが始まりだったから。ちゃんと、向き合った方がいいかなと思って」。

「そうだね」と、Yが頷く。Tも頷き、そして口を開いた。「英月ちゃんが送ってきてくれた資料、面白かった、一気に読んだ。ありがとう。でも、正直なところ、知的好奇心は満たされたけど、空しさはなくならない」。それを聞いて、私は微笑んだ。「よかった。読んだだけで空しさがなくなるような、そんなまやかしじゃないからね」。私は空になっていたTの杯にお酒を注ぐと、話しかけた。

「ねぇ、どうして？　三戦三勝、圧倒的に勝っているのに、どうして空しいの？　正々堂々と戦ったのだったら、勝ち負けに関わらず、空しく感じることはないと思うけど。まぁ私は、恋愛が戦いだとは思っていないけどね」。満たされた杯を見つめたまま、Tが黙り込む。薩摩切子の藍色のお猪口の中で、日本酒が小さくさざ波を立てている。「自信がないんだよね、きっと」。重い口を開くようにして、Tが言った。

「自信がないって、さっきも言ってたけど、どうして？　両親もおられるし、大学も出て、MBAとCPAを持ってるんだよ？　私だったら、MBAとCPA持ってます！　って書いたTシャツを作って着て歩くよ」。冗談っぽくYが言うが、彼女なら本当にやりかねない。

自嘲するように笑うと、Tは続けた。「自信がないからだよ。自分に自信がないから、色々なものを身に付けようと努力するの。学歴、職歴、そして恋愛も同じ。自分に自信がないから、自分から他者に、そして他者から自分への愛情にも自信が持てない。だから、他者と他者との間で既に存在している愛情を、私が手に入れるの」。

「え？　言ってることがわかんない。てか、屈折してる。素直じゃないよ」と、素直すぎるYが、大袈裟に頭を振る。相変わらず芝居がかっているが、その滑稽さに救われる。

「自分でいうのもなんだけど、確かに屈折してる。自分に自信がない理由はわからないけど、考えたことはあるよ。自己主張の強い人が多い海外で幼少期を過ごしたからかな、とかね。結局、理由はわからないままだけど、自分に自信がないことには、素直に向き合い続けたと思う。自信がないってことは、突き詰めれば、私本体に対する価値が見いだせないということ。だから、私は付加価値を付けることに躍起になったの。手始めに勉強を頑張って、学歴を身に付けた。次は職歴。でも、Yも同じじゃない？」。

「え？」急に自分に矛先が向き、Yが緊張するのがわかる。「ボッテガヴェネタの鞄に、エルメスのスカーフ、ハリーウィンストンの指輪。それって、本当に欲しかったの？　必要なもの？　何かの穴を埋めるための物に、私には見えるよ」。Yの顔が一瞬にして、青白くなる。健康的な小麦色の肌なのに、まるで陶器の人形のようだ。

「勘違いしないでね。私が言うと、責めているように聞こえちゃったかもしれないけど、違うから」。Tは意識して、優しい口調で話す。「形や方法は違うけど、誰もが付加価値を得ることに一生懸命なんだなって思ったの。持ち物、キャリア、パートナーに家族。健康であるとか、引き締まった体とかね。だって他人は……。他人だけじゃないね、身内も、そして自分自身も、付加価値で判断する。付加価値は、その人そのものじゃないのにね。おまけに自分で得られない付加価値は、他人を使ってでも補おうとする。親の仕事は○○だ、子どもは○○大学で学んでいる。パートナーもそう。美しい見かけに、社会的地位、収入……。はぁ、だよね」。

いつの間にか、Yの体がTの方に向き直っている。そして、口を真一文字に結んで、真剣に聞いている。ほんと素直だ。そう思ってYを見ていた私は、彼女が発した言葉で自分の勘違いに気づかされた。

「それ、同じだね。私が言っていたことと一緒！」。訝し気なTの視線にはお構いなしに、勢い込んでYは言葉を続ける。「ほら、私が死んだら、お墓に何て刻まれるのか？って、話。私はTみたいに賢くないから、うまく言えなかったけど」。あぁ、Yは求めていたのだ。真剣になったのは素直だからではなく、求めていたから。

「確かに！　金持ちに見初められたラッキーガールって、お墓に掘られたらどうしよう？って、Yが心配していたけど。あれは、まさに付加価値の象徴だね」。「そうなの！　お坊さん！」。Yは私の方に顔を向けて言う。彼女の両手が、胸の前で合掌するように重なっている。相変わらず芝居がかった仕草だけど、不思議と、Y劇場とは思えない。

「ちょっと待って」。今度はTが、真剣な表情をしている。「私は過去に対して、そしてYは未来に対して、英月ちゃんは自分自身に対して空しさを感じているって、話していたよね。まぁ、空しさは、他にも色々あるけど」。Yと私が頷く。三人とも、箸をお膳に置いたままだ。「それ、違うかもしれない」。「え？」。Yと私の視線が重なる。「私にもわかるように、説明して」と、Yが前のめりになるように言う。

「私も、ハッキリとはわからないの。間違っているというより、物事の本質を考えたとき、その分け方とは違う分け方があるんじゃないかな、って思ったの。正直に言うと、今、思いついたんだけどね」と、恥ずかし気に笑う。

エビデンスを大事にしたいTにすれば、思いつきの考えを口に出すのは、軽薄に感じるのかもしれない。「気になるわぁ」と私が言うと、Yも「ユー、言っちゃいなよ」と催促をする。

冷たいほうじ茶を一口飲み、Tは口を開いた。「空しさって、本当にたくさんある。Yじゃないけど、大小の穴が、アッチにも、コッチにも、ぽっかりと口を開けている。その空しさの穴を突き詰めると、付加価値になるんだと思う。私が感じた、過去の空しさ。Yが感じている、未来への空しさ。両方とも、その根っこは付加価値だよね。自分本体とは違うところでの空しさ。それに対して、英月ちゃんが感じた空しさは、自分本体に対してのもの……」。

一呼吸置いて、Yが口を開いた。「えっと……。言葉は明瞭なんだけど、意味がイマイチわかんない。ちょっと整理させて。つまり、今、私たちにとって問題となっている、空しさってあるよね？」。

Tが頷く。それを見て、Yが続ける。「私たちは、その空しさ問題に直面している」。TがYの目を見ながら、頷いている。「で、私たちが抱えているその問題は、付加価値問題と、自分本体問題に分けられるってことで、合ってる？」。

「正解かどうかは分からないけど、合ってる。そういう意味で、私は言ったから」。よかったと、Yがほっとした表情を浮かべ、「でも、意味はわからないままだけど」と、笑う。「ごめん。私自身が、ハッキリとわかったわけではないからだと思う。ただ、その付加価値問題と、自分本体問題は、まったく異質なものだと思うの」。

Tは少し考えるような表情をして「付加価値問題は、持ち物、キャリア、パートナーに家族、そして健康、引き締まった体とかって、さっき言ったけど、全部、俗っぽいね。だから、世間一般の問題といえる。それに対して、自分本体問題は普段、問題とも思わないようなことかな?」と、言葉を続けた。

二人の会話を聞いていて、驚きなのか、感動なのか、鳥肌が立った。この二人は、いったい何を話しているのだ? 仏教のことを、何も知らないはずなのに……。

「ちょ……。ちょっと、待って……」絞り出すように、私は声を出す。「え? 私、間違ってる?」と、Tが私を見る。「それ、『仏説観無量寿経』(『観経』)の話だよ」。「は?」。TとYが、鳩が豆鉄砲を食ったような顔をしている。

Tは、私がメールで送った資料を、スマホで見ている。Yは資料をプリントアウトして来たらしく、付箋が付いたA4の紙を鞄から出してページをめくっている。

『観経』は、耆闍崛山《ぎしゃくっせん》でお釈迦さまが説法をしていたシーンから始まり、次に王宮《おうぐう》に場面が変わる。そして、最後はまた、耆闍崛山に戻る。つまり、場所は二ヶ所」と、私は言う。

それを聞いたYが、「あっ」と声を出す。「そうか! そういうことね。最初に読んだ時に、気になったんだよね。耆闍崛山での、説法のシーンが」。今度はTが、わからないという顔をしている。

「わかったの？」と、私は驚く。

「だって、想像してよ！　お弟子さんが、千二百五十人。菩薩さんは、三万二千だよ？　なのに、一般人が一人もいないんだよ。まるで、お坊さんによる、お坊さんのための、アリーナ・ツアーだよ。反対に、王宮には一般人ばっかり」。

そこまで聞いて、今度はTが「あっ」と声を出した。「なるほど……。一般人ばかりの王宮では、俗っぽいことが起こっていたよね」。「そう！　チーム・俗だね」と、Yが合いの手を入れる。

「それに対して、耆闍崛山では俗っぽいことは何もない。いるのは、お坊さんとか菩薩さんだけ」と、Tが言うと、「そう！　こっちは、チーム・出家者」と、Yが受ける。

「え!?　ちょっと待って……」と、Tが自分自身が口に出した言葉、そしてYのザックリとしたまとめを耳にして、動揺している。「これって……、付加価値問題と、自分本体問題ってこと？」。私は、黙って頷く。

Tは自分の分だけでなく、私たちにも冷たいほうじ茶を注ぎ足すと、グラスに入ったお茶を半分ほど飲んで口を開いた。

「なるほどねぇ。王舎城の悲劇といわれる、王宮で起こったことが付加価値問題と重なり、自分本体問題という人間の根本的な問題が、耆闍崛山での説法と重なる。俗の象徴が王宮で、聖の象徴が耆闍崛山って、とこかぁ」。

「こういう言い方も出来るんじゃない？」と、Yが言う。「王宮は一般人の代表だから、私たちの日常生活の象徴。それに対して耆闍崛山は、出家者ばっかりだから……。王宮とは違うよね」。「何が違うの？」と聞くTに対して、Yが「違うのだけど……。でも、どう違うか、言葉が見当たらない～」と、笑いながら言う。「価値基準じゃない？」と、私は口を挟む。

「耆闍崛山と王宮の二つの場所。Yの言葉を借りると、耆闍崛山には出家した人たちが、そして王宮では、私たちと同じように一般の人たちが日常生活を営んでいた。出家した人たちが拠り所にしているのは仏法だよね。お釈迦さまが明らかにしてくださった教えを拠り所にして、迷い苦しみを超えることを願っていた。そのためには、苦しみとは何か？　苦しみの原因は何か？　って、考える」。「まさに自分本体問題！」とTが言うと、「その苦しみが、水の河や火の河って、ことでしょ？」と、Y。

それを聞いてTが、しみじみと「水の河は怖いよ」と言う。「英月ちゃんは、水の河は冷たいって言ってたけど、それだけじゃないと思う。ゴメン、ちょっと話がそれるけど」。「いいよ、続けて。気になるわ」と、促す。

「水の河は、もっともっとと貪る心でしょ？　たとえば、愛したい！　愛してほしい！　と思っていても、その気持ちが叶わなくなると、簡単に愛が憎しみに変えられる。恋愛関係のことだけじゃなくてね。だから、冷たい。それはわかる。でも、水が表しているのは、そんな軽いことじゃないと思う」。そこでTは、まるで息継ぎをするかのように、息を吸った。そして、ゆっくりと息を吐くようにして「水だよ?」と言うと、続けた。

「水はね、足元からすくうよ。冷たいだけじゃなく、ものすごく力があるから」。「わかる!」と、場違いなほどの明るい声でYが言う。ご丁寧にも、右手を挙げている。

「小学生の時、学校の遠足で小川を渡ったことがあるの。飛び石があってね、それを、トントンと渡って行くの。前日に雨が降っていたんだろうね、何個かの石は水面と一緒くらいだった」。「よく覚えてるねぇ」と、感心した様子でTが言う。「当たり前だよ、流されちゃったんだから、私」。

もう少しで渡り切れるところにあった最後の飛び石は、うっすらと川の水で覆われていた。その辺りだけ流れも速かったので、その石の川上には体の大きな体育教師が川の水を堰き止めるようにして立ち、流れを和らげていた。水は半ズボンを履いた教師の膝下までだった。深くはない。

Yがその石に片足を置いた、ちょうどその時に、前を進んでいた男の子がふざけていて転んだ。その子は、すでに渡り切っていたので、流される心配はなかったのだけど、体育教師が条件反射で彼の方に体を向けてしまった。つまり、川の流れを堰き止めるという本来の任務から離れてしまった。その瞬間だ。激流がYを襲った。

少なくとも、小学生のYにはそう感じられた。飛び石の上に両足で立っているのに、押し寄せた流れに足元からすくわれるようにして、小柄なYは体ごと持っていかれた。幸いなことに、川は浅かった。それでも、ものすごく怖かったと。

「うん、うん」と、Tが何度も頷き、同意を示す。「水の恐ろしさは、その人を丸ごと飲み込んでしまうことだと思う。小学生だったとはいえ、Yは、小川の流れで簡単に足をすくわれ、飲み込まれてしまったじゃない？ 見てよ、あの絵」。そう言ってTは、屏風に表装された「二河白道の譬え」の版画を指す。「わぁ。これ、改めて見たら、津波だね」と、Yが言う。確かに波が高い。「水で表されている、貪り求める欲望って、あらゆるものに対して起こされてしまうよね。好きな人に、パートナーに、肉親に、友人に対して。地位や名誉、権力に対してもそうだし、健康やいのちも、そう。もっと、もっとと思う。家、土地、お金のような財産から、服に靴に鞄などの物質的なものもそう。もっと、もっとと求めるうちに、私たちは欲望の津波に、いのち丸ごと飲み込まれてしまう」。

「Tの言う、いのち丸ごと飲み込まれるって、どういうこと？」と、Yが聞く。「これが手に入れば幸せになると思って求めたものによって、いのちが阻害される、ってことかな？」。まだ首をかしげているYを見て、Tが続ける。

「〝銀行〟と一緒になれば幸せになれると思っていたけど、結局、私は私の人生丸ごとを無駄にしたじゃない？ 少なくとも十年以上を無駄にした。私の時間、キャリア、親のお金、そして彼に夢中になっていた時に忠告してくれた友人たちとの友情。まるで津波に、すべて持っていかれたみたいにね」。そう言ってTは、チラッと私を見た。笑った目が少し悲しげに見えた。

「なるほど」と声に出して納得をしたYが、何かに気づいたように口を開いた。「ねぇ、私たちが、これが手に入れば幸せになると思って求めるものっていうのは、それって全部、付加価値だよね？

私ね、付加価値を求めるのは、当たり前のことだと思うの。なのに、それによって、いのちが阻害されるって……。わかるようで、わからない」と言いながら、俵型のご飯に箸を伸ばした。

王舎城の悲劇をめぐって――耆闍崛山と王宮

「ねぇ、話を戻してもいい？」と、私は口を開く。

「耆闍崛山にいた、出家をした人たちが拠り所にしていたのが仏法だって話していたけど、王宮にいた一般の人たちが拠り所にしていたのは世法といわれる、世俗の法だったのね」。

それを聞いてYが「へぇ～、面白い。メンバーが違えば、法律も違うんだね。耆闍崛山に集まった、チーム・出家者の法律は、仏の法。王宮の住人たち、チーム・俗の法律は、世の法」と言う。

「それ、おもしろいけど、残念ながら法律っていう意味じゃなくて、拠り所かな。Yの言葉を借りれば、チーム・出家者は仏の法を拠り所にして、チーム・俗は世の法を拠り所にした。つまり、人生における価値基準が違うってこと」と私が言うと、「さっき言っていた価値基準が違うって、こういうことだったのね」と、Yが頷く。

「そう、だから『観経』には、ひとつのお経さんに、仏の法と世の法、価値基準の違う拠り所が両立して説かれているの。一見、異質なものだし、相容れないように思うけど、実はこの二つには矛盾がないの」。

「どういうこと?」とTが、スマホの画面で資料を確認しながら聞く。「ちょっと待って! 説明っぽいのは、嫌。ポイントだけ言って」。そう言ってからYは、「ゴメン。難しい話をされても、わからないから。今日は入門編ということで、よろしく」と、右手で小さく敬礼をする。

確かにYが言うとおりだ。ついつい、スイッチが入ってしまい、熱く語りそうになったけど、『観経』の勉強会で集まっているのではない。大事なのは、「空しさ問題」。

「確かにそうだ。勝手に暴走しちゃうとこだった」と笑って言うと、私は仕切り直すようにして、言葉を続けた。「Tが私たちの空しさは付加価値と自分本体に分けられるって言ったように、私たちの悩み、苦しみ、様々な問題も同じように、その二つに分けられると思う。つまり、世の法を拠り所にしているから起こる問題。それは世の法で解決できるし、生きているという事実によって起こる問題は、仏の法で解決できる。例えば、金銭や人間関係とかの付加価値問題は、世の法で、なぜ生きる?とかの自分本体問題には仏の法が応えてくれる。価値基準が違うと言ったように、この二つは質が違うものなの。

でもね、これは私たちに問題が起こった時、どっちで解決するかって、二つの内から一つを選ぶというようなものじゃないの。世の法の奥に仏の法があるというか、世の法を仏の法が包んでいるというか……。質の違う二つが、『観経』の中で矛盾せずに説かれているって言ったのは、こういうことなの」。

「矛盾するか、しないかってことは、イマイチわかんないなぁ。でもね、人間関係の問題には世の法って、お坊さん言ったけど。それ、違うと思うよ」と、Yが言う。

「両親と離れ離れになって、父方の祖父母の家に預けられていたでしょ、私。あれ、父がお商売に失敗したからだったのね。夜逃げ同然に家を出て、私を祖父母の家に預けて、両親のその後はわからない。子どもだったしね。結局、両親は離婚したらしいけど。これって、金銭と家族、家族は人間関係だから、まさに金銭問題に人間関係問題。付加価値問題だよね。でもね、世の法では解決できないよ。確かに、書類上とかね、表面上は解決できる。解決したことになってる。でも、根っこは違う。私の中では、何も解決してないもん」。

「それ、韋提希《いだいけ》……」思わず、言葉が出る。言われたYは、きょとんとした顔をしている。「覚えてる？　王宮で、韋提希がお釈迦さまにブチギレたこと」。

「覚えてるよ。アメリカのソープオペラ（日本でいう昼メロ）かと思った。お経さんに、あんなことが説かれているんだね。びっくりだよ」と言うYに、Tも口を開く。「ネックレスを引きちぎって投げ捨てて、泣き叫んだっていう場面でしょ？」。

「そう、自分の息子が夫である王を殺し、自分も殺されそうになって、おまけに、息子をそそのかしたのはお釈迦さまの親戚」と話す私の言葉の途中で、「それでお釈迦さまに怒るって、逆ギレだね」と言ったYは「私は、そんなことしないよ～」と、笑って付け足す。

「ははは、そういう意味で言ったんじゃないよ。でも、逆ギレしても、している時は気づかないし、気づけないよね。怒り狂っているからね」と言って、私はほうじ茶のグラスに手を伸ばした。

「火の河だね」と、「二河白道の譬え」の版画を見ながら、Tがしみじみといった感じで言う。「見てよ、あの火。火は自分自身を焼き尽くすだけじゃなく、怒りの対象も焼き尽くすからね」。私は席を立ち、屏風の前に座る。そして、版画で表された燃え盛る炎の波を見ながら、口を開く。

「そうだね。Tが言うように、怒りの炎は韋提希を焼き尽くしたんだろうね。瓔珞《ようらく》といわれるネックレスを引きちぎったのは、社会的な死を表しているとも言えるからね」。「その後に、『アジャセみたいな子ができるなんて！』って、自分の子どもを全否定するでしょ？」。相変わらず、Yの記憶力には驚かされる。私は、黙って頷く。

「Tの言葉でいえば、あれって、怒りの対象までをも焼き尽くしたってことなんだね、きっと。可愛い我が子でも、自分に危害を加えようとすれば、あんな子はいらない、になる」。

そう言ってYは天井を見上げると、「水の河も火の河も怖いけど、もっと怖いのは、これはどこかにある河じゃなくて、私の中にあるってことだね。それとも、煩悩に名前を付けると私になるってことは、私自身が河なのかもね」と、低くつぶやいた。

Yにしては珍しく、何かを吹っ切るようにして小さなため息をつくと、私を見た。「で、お坊さん、どうして私が韋提希と一緒なの？　どちらかというと、抱えている空しさだと、私じゃなくてお坊さんの方が一緒だと思うけど。あれ？　ということは、お坊さんの空しさは自分本体問題だってTは言ったけど、付加価値問題になっちゃうね。ややこしい〜」と、笑って言う。

「そうだね。私の空しさも、付加価値問題の方だと思う。で、韋提希と一緒だと言ったのは、Yが世の法では解決できないって言ったことなの。ほら、金銭問題や人間関係問題、そんな付加価値問題も根っこでは何も解決されていないって、言ったでしょ？　韋提希もそうだったの。大きな国の王妃だよ。お経さんに説かれているけど、五百人も侍女がいたんだって。王様ほどではなくても、権力もあった。まるで大木のような、立派な拠り所の世の法が韋提希にはあったの。権力も、立場も、お金もあったからね。でもね、人生に行き詰った時、その世の法はまったく役に立たなかった。拠り所にならなかったの。それが、世の法の価値基準の象徴である、瓔珞を引きちぎって投げ捨てるってことなんだと思う」。

「なるほど、そういう意味ね」と、Tが話に加わる。「英月ちゃんが、世の法の奥に仏の法とか、世の法を仏の法が包んでいるとか言っていたのは、そういうことだったんだ。世の法と仏の法、どちらを拠り所にして生きていきますか？　と選ぶようなことではないっていうのは、つまり、世間というところで大事にされている世の法という拠り所は、拠り所として十分じゃないってことね。でも、世の法が行き詰っても仏の法がある、もしくは、そんな世の法を包み込むような大きな拠り所としての仏の法があるってことか」そう言って奈良漬けを口に放り込むと、杯に手を伸ばした。

考えるようにして聞いていたYが、「ねぇ、世の法として拠り所にしていることって、全部、自分の外にあることだよね。付加価値っていうように」と、言った。「確かに！　問題の原因をすべて外に見ているよね、お釈迦さまにまで、アンタのせいだ！　って、逆ギレしちゃうほどに」と、Tも頷く。

「外に見ているっていうのは、この歩いている人じゃないけど、自分の思いの殻の中で見ているわけでしょ。それって、見ているようで、実は何も見ていないよね」と、Yは屏風の前にいる私の横に来て座った。そして、細い道を進む一人の男を指さし「細かいところまで描いてあるねぇ。右足なんて、ふくらはぎの筋肉までわかるよ」と言ったかと思うと、突然「シシャモ！」と、素っ頓狂な声を出した。

「そうだ！　どこかで聞いた話と重なると思ったら、シシャモだ！」。Tと私が分からないという顔をしていると、Yは得意げに、思い出して、と言う。「ほら、お坊さん、真実って何？　って、話をしていた時のこと。私たちには空言、戯言しかないってことに気づかされるまでは、その空言、戯言を、真実だと思っているって話。本物のシシャモを食べるまで、私たちみんな、偽物を本物だと思っていたでしょ？　あの話だよ」。

「あぁ、あれね」。Tが、思い出したというように、頷いている。「そう、あの話。世の法だけが拠り所だと思っている私たちに、真実の拠り所がありますよ、というのが仏の法なんじゃない？　確かあの後、お念仏の話になって、お念仏は私が称えるんじゃなくて、仏さまからの喚びかけって、お坊さん言ってたよね？」。

「よく覚えてるねぇ」と、私は感心して言う。「だって、自分が思っていたこととと違ったから、印象に残ってるんだよね」。「何が違ったの？」と、Tが聞く。

「祖父母と暮らしていた家に、お仏壇があったんだよね。朝に夕にと、祖父母は手を合わせて、南無阿弥陀仏ってお念仏してた。それだけじゃなく、私が熱を出したり、何かあると、いつもより熱心に称えてた。きっと、両親のこともお願いしてたと思う。でも、何もいいことなかった。だから、効き目のない呪文みたいに思ってたんだよね」。

「呪文！　おまけに、効き目がないって！」と、私は思わず笑ってしまう。「ゴメン。だって、知らなかったから。でも、お坊さん言ったでしょ？　お念仏は、アテにならないことをアテにして、拠り所にしている空しい私たちに、真実の拠り所がありますよって気づかせてくれる仏さまからの喚びかけだって」。「うん」と、私は頷く。

「あれ、びっくりした。私、勘違いしてたんだって。それと、金子なんとかって人の言葉」。「金子大榮？」と、私は答える。「そう、大榮さん。彼の『念仏は自我崩壊の音であり、自己誕生の産声である』って言葉にも、びっくりした」。

「ねぇ、それって、瓔珞を投げ捨てた韋提希と重なるよね」と、Tが言った。そして「だって韋提希にとって世の法が拠り所とならなくなったってハッキリした時って、彼女の自我が崩壊した時だもんね」と続けた。

「韋提希だけじゃないよ、シシャモ君とも重なるよ」と、Yは細い道を進む男を指して言う。「シシャモ君？」と、Tが聞く。「ほら、右のふくらはぎが、シシャモみたいじゃない？」

Yの言葉に笑いながら、私は自分の席に戻った。そして、グラスに入ったほうじ茶を飲むと、口を開いた。「Yのおじいさんや、おばあさんがお仏壇の前で手を合わせているのを見ていて、効き目がない呪文だと思っていたってYが言ったけど、目に見えない仏の法、真実の拠り所が、目に見える形となったお仏壇。その前に座っていても、結局、自分の思いの殻の中から見ているじゃない？　というか、世の法の価値基準で見てしまっている。だから、何もいいことがないって、思う。それが、ダメって話じゃないよ」。

「私も、快慶さんの仏像だ、重要文化財だって、付加価値的なこと、世間の価値基準っていうのかな、それで見ちゃったもんねぇ」と言って、Tがご本尊の方に目をやる。「申し訳ないことだけど、今でも思っているけどね。重要文化財の前で食事をしてる！　すごい！ってね」。

「ははは！　それが私たちだよ。わかっちゃいるけど、世の法、世間の価値基準で、物事を見てしまう。私たちからは、仏の法を拠り所にして生きていこうなんて心は出てこないよ。二つは、まったく質が違う拠り所だからね。

でも『観経』の中では、矛盾せずに説かれている。それって、自分とは関係ないと思っている仏の法は、私と関係していますよって、ことなんだと思う。ザックリとした言い方だけどね。仏の法って何？　私とは関係ないし、なくても生きていけます！　そもそも、仏の法の価値基準ってイマイチわかんないと、世の法の価値基準で生きているじゃない？　韋提希もそうだったし、シシャモ君も、そして私たちも。自分とは関係ないと思っていたけど、向こうは大アリだった」。

「そう言ってくれるとわかるよ、お坊さん」と言いながら、Yも自分の席に戻る。「確かに、こっちがどう思っていても、仏の法からすれば、関係は大アリだね。だって、仏の存在意義に関わるからね」。「存在意義？」と、TがYに聞き返す。「そうだよ、存在意義。お坊さんが送ってくれた資料、ちゃんと読んだ？」と、ドヤ顔でYが言う。

「仏さま、つまり阿弥陀さまはね、生きとし生けるものを必ず救うっていわれているけど、それは阿弥陀さまのスペックのひとつじゃなくて、必ず救うはたらきに名前をつけたら阿弥陀さまになるってことなの。煩悩に名前をつけたら、私たちになるけどね。そうでしょ？　お坊さん」。私が送った資料を、ここまで読み込んでいたのかと、改めて感心させられる。

「そうだよ。親鸞さんは、『摂取してすてざれば　阿弥陀となづけたてまつる』って言ったからね」と、私は答える。「じゃあ、それと、存在意義がどう関わるの？」と、Tが聞く。「だって、そうじゃない？　救う対象がいなければ、阿弥陀さまにもなれないいんだよ。存在に関わるじゃない？　世の法が役に立たなくなって、私たちが行き詰らないと、出番がないいんだから。ね、お坊さん」と、Yが私を見る。

「ははは！　仏さまが出番を待っていたっていうのは面白いね。うん、でも確かにそうかもしれない。この絵でも、西の岸で待ってくれているもんね」と、私は絵に目を向ける。

「耆闍崛山で表された仏さまの世界と、王宮で表された私たちの俗っぽい世界。価値基準の違う二つは矛盾せずに成立しているってお坊さんが言っていたこと、ちょっとわかった気がしたよ。価値基準がまったく違う人たちのどちらにも、お釈迦さまの説法は届いたんだよね。それだけじゃなく、お互いに関係している」と、Yが言う。

一筋の白い道——シシャモ君と分陀利華

ゆっくりと立ち上がり、屏風の前に行ったTは、「一緒だね」と言って座った。「『観経』で説かれていた価値基準の違う二つの場所と、この版画って一緒じゃない?」そう言って、私たちの方を向いた。「確かに!」と、Yもまた屏風の前へと進む。

「東の岸は『観経』でいう王宮で、ここでの拠り所は世法。問題を外にばっかり見ている」と、Tが言う。「なるほど! で、その世の法が拠り所として成り立たなくなる。この版画でいえば、『三定死』のシーンだね。人生が行き詰る。『観経』だと、韋提希がネックレスを引きちぎるシーンだ」と、Yも言う。

「そう! そこで、お釈迦さまが登場する。『観経』では、お釈迦さまはしゃべらない。でも、そのことで、韋提希は、外に向けていた目を自分の内へと向けていく。この版画では、シンプルに描かれていて、お釈迦さまが直接シシャモ君に進め! って、励ましてくれている」。

「Tもシシャモ君って呼んでる」と、Yが笑って言う。そして、続けた。「『観経』で韋提希は、自分の内へと目を向けるでしょ？　自分自身と向き合ったんだと思うの。そうして向き合った時、見えてきたのは、本当の自分。つまり、煩悩に名前を付けたら私だったって、こと」。そう言うと、版画に目を向けた。

「凄まじい波しぶきだし、炎だよね」、Yの独り言のような声が聞こえる。「それが、この水と火の河で表されているってことね」と、Tがしみじみと言う。「そう。そして、シシャモ君は西に向かう。お釈迦さまと阿弥陀さまの声に支えられて」とYが言うと、「西は、『観経』では耆闍崛山。仏法を拠り所としている、かぁ」と、Tが言う。

「ねぇ、お坊さん」Yが私に向き直り、目を真正面から見て話しかける。「空しさを超えるって、どういうこと？」。

私は手にしていた箸をお膳に置いた。Tも「この版画に描かれている『二河白道の譬え』は、空しさを超える話だって英月ちゃん言っていたけど、英月ちゃんは、もう空しくないの？」と、私を見て聞く。

一呼吸置いて、私は口を開いた。「わからない」。私は正直に言った。「空しさを超えるってことは、こういうことですよ、こうなったら、空しさを超えていますよ、とは言えない。私自身、今、この瞬間、空しさを感じていないけど、それは事実から目をそらしているだけかもしれない」。

「え？　じゃあ、何も変わってないってこと？　空しさ問題は解決していないってこと？」と、明らかに失望を滲ませてTが言う。

「うん。私は何も変わってない。解決したのかも、していないのかも、わからない。ただ改めて、ハッキリしたことがある」。

「何？」目を見開いてYが聞く。そして、私を見つめたまま立ち上がると、自分の席に戻った。

「空しさに、世法は役に立たないということ。世間の価値基準で、空しさを埋めようとしても、埋められないということ。たとえば、誰かを失った悲しみを、物質的な物や、何かの活動、ましてや別の人では埋められないようにね。では、その空しさを、どうやって超えていくのか？ 韋提希は、実際にお釈迦さまに会うことができた。だから、直接、尋ねることができた。そのことは『観経』に詳しく説かれている。

その『観経』の解説書である『観経疏』に、作者の善導さんの創作として『二河白道の譬え』が書かれていて、シシャモ君が登場する。シシャモ君は、当然、お釈迦さまには会えていない。物語の登場人物というだけでなく、時代が違うからね。でも、その彼にも、お釈迦さまの声が聞こえた。なぜか？

資料にも書いたけれど、韋提希が、お釈迦さまが亡くなった後の時代の人たちのことまで心配してくれていたからね。そのおかげで、お釈迦さまの答えが残っている。結論だけ言うと、韋提希だけじゃなく、未来の人たちのために説くってハッキリ言ってるの。だから、シシャモ君も韋提希と同じように、阿弥陀さまの浄土を目指すことができたの。つまり、真実の拠り所ね。と、勢い込んで言ったけど、真実の拠り所って、漠然としたことのように聞こえるかもしれないね。真実を念じながら、一歩一歩、歩んでいくって言えばいいかな」。

「それって、念仏ってこと?」と、Tが聞く。「そう。でも、念仏って聞くと、Yじゃないけど、イメージが出来ちゃってるでしょ? だから、素直に頷けないところがあって……」と言うと、

「え? お坊さんも?」と、Yが驚いて聞く。

「そう。お恥ずかしながら、私自身、お念仏は私がするものだって、長い間、思い込んでいたからね。喚びかけられているって、気づけなかった」。「シシャモ君は、一心にお念仏してるよ」と、屏風の前に座ったままのTが言う。それを聞いて、私は口を開く。

「『観経』の最後にね、王宮から耆闍崛山に帰る直前に、お釈迦さまが言った言葉があるの」。TとYが、何? という表情で私を見つめる。

「『もし念仏する者は、当《まさ》に知るべし、この人はこれ人中《にんじゅう》の分陀利華《ふんだりけ》なり』って」。

「どういうこと?」と、Yが聞く。

「分陀利華っていうのは、蓮の華のことだから、私たちは蓮の華だっていう意味なんだけど、ちょっと説明させてね」。「もちろん」と、TとYの声が重なる。

「ここでいう『念仏する者』っていうのは、まさにシシャモ君。どういうことかというと、自分自身を知った人ってこと。自分は、水や火の河で表される煩悩の塊だ、自分の能力、経歴、努力は、

真実の拠り所にならないと、気づかされた人。と同時に、その自分を包む大きな仏の法があったと気づかされた人。『念仏する者』は、阿弥陀さま、必ず救うというはたらきね、そのはたらきを念じる者ってこと。そういう人は、『人中の分陀利華』だって。『人中』というのは、『人の世の真っただ中』ということ。『分陀利華』は、蓮。蓮って、ドロドロのところに咲くのに、泥にまみれていないいんだよね。これ、『人中』ってことがポイントなんだけど、自分だけが別のいい場所に行って、シレッとキレイに咲くって意味じゃないんだよね」。

「え？　西にあるお浄土って、世俗とは離れたいい場所じゃないの？」と、Tが驚いたように言う。

「違うよ。それだったら、逃げ込む場所になっちゃう。お浄土は、現実逃避の場所でも、自分にとって都合がいい場所でもないよ。そういう、世間の価値基準とは違うものだから」と言うと、「そう言われてみれば、確かに、そうだね」と、Tは頷いている。

「ねぇ、お坊さん。じゃあ、人の世の真っただ中で咲くってことは、ここで咲くってことだよね。この版画では、お浄土は西に描かれていたから、そこに行かなきゃダメって思い込んでいたけど、もしかして、お浄土がここに来るってこと？」と、Yが聞く。

「え？　お浄土がやって来る？」と、Tが怪訝な表情で聞く。私が「そうだよ、念じるところに、お浄土も、阿弥陀さまも来てくださるよ」と答えると、Tが「え？　本当に来るの？」と驚いた顔をしている。

「『観経』で、韋提希が瓔珞を投げ捨てて、お釈迦さまに逆ギレした後、自分自身と向き合ったでしょ。そして、迷い苦しみを超えた世界、阿弥陀さまのお浄土に生まれたいと、お釈迦さまに願った。するとお釈迦さまが、阿弥陀さまの世界は、ここから遠くないよって言うの。お経さんには『去此不遠《こしふおん》』、『此を去ること遠からず』って説かれている」。

「ここから遠くない……。つまり、念じたところに出遇えるってこと？」と、Tが聞く。「そう。だから、お浄土がここに来るってYが言ったのは、間違いじゃないと思うよ」と、私はYを見てほほ笑んだ。

「じゃあ、このシシャモ君の物語に、空しさを超える手がかりがあるとすれば、空しさを超えるとは、私たちが蓮になるってこと？」と、Yが真剣な表情で聞く。

しかし、言っている言葉だけを聞くと、まるで謎の文章だ。おまけに「二河白道の譬え」は、いつの間にかシシャモ君の物語に変えられている。

「そうだね、うん、そうかもしれない」私は頷く。言い方は滑稽だけど、確かにYの言う通りかもしれない。「蓮って、泥の中で咲くでしょ？　その泥というのは、悲しいこと、辛いこと、苦しいこと、そんな色々なこと、もっと言っちゃえば、人間のドロドロしたこと全部ひっくるめて、表されてると思う。でもね、その汚い泥がなければ、蓮は咲かないの」。

二人がハッとしたように、私を見る。「だから、悪いことをしても大丈夫！って、意味じゃないよ。つまりね、無駄なことは、何もないの。Tが十年以上の人生を無駄にしたって言ったけど、違うと思う。時間やキャリア、親のお金とか、あと色々な感情、それを泥にたとえたくはないけど、過去のすべてが、今のTを作る大事な養分になっている。それは、慰めでも、きれいごとでもなく、事実だから。その事実が、事実だと受け止められたら、過去は空しいものではなく、大事なものに変えられるんじゃないかな？」。Tが私たちに背を向けたのは、涙を見せたくなかったのだろう。

「ねぇ、お坊さん。お坊さんが言ってるのは、過去は変えられるってこと？」と、Yが聞く。「そうだよ。過去は変えられるよ。自分の努力によってとか、気持ちの持ち方で、とかじゃなくってね」と、私は意識してTから目をそらすようにしてYと話す。

それはYも同じで、「じゃあ、変えるの主語は誰？」と、不自然なほど、Tを見ずに私に話しかける。その間に、Tは鼻をかみ、自分の席に戻った。

「変えるの主語？」と、私はYに聞き返す。「自分では変えられないのだったら、誰が私の過去を変えるの？　え？　もしかして……、それが『はたらき』ってこと？」と、Yが自分の口から出た言葉に驚くように言う。笑顔で私は頷くと、屏風に目を移す。

「シシャモ君が道に一歩を踏み出すまで、色々あったじゃない？　荒野でひとりぼっちとか、群賊悪獣に襲われそうになったりとか、思い出すのも辛いことがいっぱいあった。その時は、辛い、苦しい、怖い、そして空しい。色々な感情もあった。けれども今、その過去を振り返ると、その何かが一つ欠けても、シシャモ君は、白い道を歩いていないんだよね。辛かったとか、苦しかったとか、それは変わらない。けれども、それで終わらない。自分の思いの殻を離れて、過去を振り返ると、過去が変えられているんだよね。無駄なことは何もなかった、ってね。それは、阿弥陀さまという真実を通して、初めて知らされることだと思う」。

「じゃあ、主語は阿弥陀さまのはたらきかぁ……」と、つぶやくようにYが言う。私は言葉を続ける。「過去が変えられるのだから、当然、未来も変えられるよ。過去に無駄なことが何もないんだから、未来にも、無駄なことがあるはずなんてない。空しいと思う自分はいるかもしれない。けれども、空しさは存在していないよ」と。

「英月ちゃんは、私たちにとって善友だね」と、Tの晴れやかな声が聞こえた。初めて聞くような、彼女の明るい声に驚く。顔を見ると、目と鼻先が少し赤い。彼女自身、そのことに気づいているのか、照れくさそうに笑っている。

「その勘違いはありがたいけど、残念ながら、違うんだよね」と、私も笑顔で応える。「Tが珍しく褒めてるんだから、ユー、そういうことにしておこう！」と、Yがおどけて言う。「そうだね。じゃあ、そういうことにしておこうか。でも、閻魔さまに舌を抜かれるのも、嫌だしなぁ」と言って、私は続けた。

「善友は、自分に優しくしてくれる人や、もっとハッキリ言っちゃうと、自分の都合にいい友達のことじゃないからね。白い道を歩ませるのが善き友だから、Tにとっての善き友は、他にいると思うけどね」。

Tの表情から笑顔が消え、痛みを思い出したかのように、歪んだ。けれども、それはわずかな時間のことだった。まるで割れた仮面のように、歪みがTの顔から、はらはらと崩れ落ちた。その下から現れたTの表情を見て、私はふと、花のつぼみがほころぶことを、「笑《え》む」と言ったなと、思い出した。「〝銀行〟だね」と、Tの澄んだ声が静かに本堂に響いた。

微笑む阿弥陀さん

時計の針は、午後八時半を回っていた。集まったのが六時だったから、二時間半も「二河白道の譬え」の話をしていたことになる。夫のケンが三日前にアメリカから来たと言っていたYは、ゆっくりするつもりだろう。Tも大行寺の近くにホテルを取ったと言っていた。寺に泊まればいいのに、ヘンなところでいつも遠慮をする。そろそろデザートの用意でもしようか、その前にYが持ってきたワインを開けておこう、そんなことを思っていた時だった。唐突にYが言った。

「空しいってことは、あるってことなんだね」と。黒塗りの蓋を松花堂にかぶせる揃えた指に、四角い石が、虹色に輝く。No Rain, No Rainbow. 雨が降らなければ、虹はできない。以前、ハワイで聞いたことわざを、ふと思い出す。色々なことがあって、今、私たちがここにいる。

そして、千四百年も前の善導という人が書き残した、「二河白道の譬え」を手掛かりとして、自分と向き合う時間を過ごしている。空しさがなければ、そして、空しさの原因となった悲しいこと、苦しいこと、辛いこと、迷い、悩み、それらがなければ、今、この時間を過ごしていない。雨が降らなければ美しい虹ができないように、無駄なことって、ほんと、何もない。

「どういうこと?」。Tの声で、空想の虹はかき消され、私は現実に戻された。

「あるって、何が?」と、Yに聞いている。ご馳走さまと、合掌した手をほどくと、Yは空になった松花堂に両手を置き、ゆっくりと口を開いた。「美味しかったなって、思ったの。全部、食べちゃったから、お弁当の箱が空っぽになったなって」。

「それで?」Tの口調だと、本人の意思に反して、詰問しているように聞こえてしまう。それに彼女自身も気づいたようで、「空っぽなのに、あるって、気になるよね?」と、意識的に軽い調子で私に話しかける。

私は笑って頷くと、続きを促すようにYを見る。Yはおもむろに蓋を開けると、「見て」と言って、空っぽの松花堂を私たちに見せる。十文字で仕切られた中には、お造りが入っていた織部の四角い器、天ぷらが盛られていた小さな竹籠、生麩の田楽に刺さっていた青竹の串、青紅葉、それらが、抜け殻のように残っていた。それらがあることでかえって、お弁当箱が空だということが強調されている。

Yは、もう一度、蓋をする。「空っぽになったのは、私が食べたからじゃないの。この箱があるから、空っぽになっただけなの。つまり、空っぽを形作っているのは、この箱なの」。Yが一生懸命に話そうとするほど、宣言のようになっていく。「あれ？　私、決意表明しちゃってる？」と、Yが笑って言う。「うん、してる。空っぽ宣言。でも、空っぽなのは自分じゃなくて箱のせいですよ宣言」。私は笑って言う。

「やっぱり、宣言になっていたかぁ。まぁ、いいか。で、私が言いたかったのは、お弁当は、箱があるから空っぽになるってこと。同じように、私たちが空しさを感じるのは、この身体があるから」。どうだ、と言わんばかりの表情だ。

「え？　じゃあ、私たちが空しさを超えるためには、この身体をなくさなきゃダメってこと？」と、Tが言う。「そうだね。この身体がある以上、仕方ないね。身体だけじゃなくて、私の存在っていうのかな。それを、いのちっていうのかもしれないけど。生きている以上、仕方ないね」と、Yが眉間に皺をよせ、致し方ないという表情で答えている。

「論理が飛躍しすぎていない？」と、Tが言う。「シンプルに考えて。お弁当箱がなければ、空っぽになることもない。グラスだって同じだよ。満杯になるのも、空になるのも、グラスがあるから。空しさを感じるのは、この私の存在、いのちがあるからだよ。ねぇ、お坊さん？」と、Yが私の方を向く。

「最初にハッキリさせておきたいことが、一つだけある」。私は大真面目な顔をして、Yを見て言う。「お弁当箱が空っぽになったのは、Yが食べたからだよ」と。そして、笑って続けた。「もし、いのちを世間の価値基準で見たら、Yの言う通りかもしれない。つまり、いのちは有限だってこと。この箱で表されるようにね。大きさも、容量も、限りがある」。そう言うと私は蓋をし、ご馳走さまと手を合わせた。

「でも、それは違う。いのちは、有限じゃないよ。表面的には、そう見えるかもしれないけどね。仏さまの価値基準、仏法に尋ねると、違ういのちだと気づかされる」。

「仏法に尋ねるって？」と、Yが聞く。「お釈迦さまは、どう仰っていたか？　お経さんには、どう説かれていたか？　善導さんや、親鸞さん、先輩たちは、どう受け止めて来られたか？　ってこと」。

「あ！　思い出した！　どうして、こんな大事なこと、忘れていたんだろう」と言うYを見て、Tが「何を思い出したの？」と聞く。

「阿弥陀さまのこと。資料に書いてあったよ。阿弥陀さまっていうのは、無量寿ともいうんだけど、それは量ることの無いいのち（寿命）っていう意味で、それがいのちの真実だって。量ることの無いっていうのは、私たちは、誰と比べることも、代わることもできない尊い存在っていうことで、それを私たちに伝えるために、お釈迦さまが生まれられたとか、確かそんな内容だった」。

「そういえば、書いてあったね。お釈迦さまが、生まれてすぐに七歩歩いて『天上天下唯我独尊』と言ったという、その言葉の意味の説明のところじゃなかったっけ？」と言いながら、Tの指がスマホの上をせわしなく動く。

資料の中の気になる言葉を探しているのだろう。しばらくして指が止まると、「世間の様々な価値観に関わらず、私たちのいのちは、そのままで尊い」と、声に出して読む。そして、「え?! じゃあ、そういうことなの?」と、一人で驚いている。「どうしたの?」とY。

スマホから顔を上げ、「無限って、こと?」と、Tが聞く。頷いた私を見て、Tが言葉を続ける。「世間の価値基準、つまり私たちの常識では、いのちは有限だと思い込んでいる。Yの言い方で言えば、このお弁当箱だと思っている。だから当然、空っぽになることもある。でも、仏法といわれる仏さまの価値基準だと、いのちは量ることが無いもの。つまり、無限。すると、空っぽになりようがない」。

「私たちのいのちは、お弁当箱じゃないってこと?」と、Yが言う。「たぶんね」とTが答える。けれどもすぐに、「いや、お弁当箱かもしれない。少なくとも、私たちはお弁当箱だと思い込んでいる。気づかされないとわからないよ」と言い直す。

印刷した資料をパラパラとめくっていたYが、あるページを開けると、おもむろに立ち上がった。そして、屏風に向かって右側に立つ。ちょうど、東の岸の横だ。そして、「行け!」と言う。ご丁寧に、人差し指は西を指している。

「気づいてくれ。法があるぞ! いのちの灯《ともしび》、真の拠り所があるぞ!」。Y劇場だ。「気づいてくれ」と、資料にはない言葉を、ちゃんと付け加えている。私は、思わず拍手をする。すると、驚くことに、スマホを持ってTが立ち上がった。

ナレーションよろしく、「あなたは誰と比べることも、代わることもできない尊い存在です、その真実に気づいてください。自分のいのちを量ることは、空しいことです。量ることのないいのちである阿弥陀さまを拠り所として、いただいたいのちをまっとうしてくださいとの、お釈迦さまのお勧めです」と、資料を読み上げる。

「Wow!」、思わず声が出る。コーヒーのメニューを声に出しただけで、国際問題の話をしているようだった、あのTと同じ人が読んでいるとは思えない。声の張りが違うのだ。「素晴らしい!」と、拍手をしている私に、二人が目で合図を送ってくる。

「え? 何?」と、戸惑う私にしびれを切らしたYが、「お坊さんも、こっちに来て! そっちに立って」と、西の岸、つまり屏風の左側を指す。見るとTも笑顔で頷いている。

私は立ち上がり、Yと向き合う形で立つ。屏風の後ろには、阿弥陀さまのお姿が見える。手を合わせて振り返ると、私はYとTを見た。そして、小さな深呼吸をひとつすると、軽く両手を広げて言った。

「汝一心に正念にして直ちに来れ、我よく汝を護らん。すべて水火の難に堕《だ》せんことを畏《おそ》れざれ」と。

言葉が、まるで打ち水のように、キャッキャと騒いでいた私たちの熱を冷ました。ざわついていた本堂は静寂に包まれ、ご本尊の阿弥陀さまの方へと、私たちの体が自然と向く。Yは前に進み、手を合わせている。Tも、私も前に進んだ。そして、お厨子の中のお姿を拝む。あれ? 阿弥陀さん、微笑んだ?

「合わないねぇ」。丸みを帯びたクリスタルのグラスに注がれた、赤いワインを見ながら、落胆の表情でYが言う。「合うと思ったから、お坊さんに、オーレリーさんのエクレアを頼んでもらったんだけどなぁ」と、恨めし気だ。「合わないことはないよ。すっごく合うかと言えば、微妙だけど」と、Tが慰める。

私たちは、本堂の縁側に場所を移した。Yが持ってきたオーパスと、デザートのエクレール・オ・キャラメル、下戸の私はコーヒーを淹れる。豆は大行寺近くの珈琲専門店 Okaffe kyoto のダンディブレンド。バリスタチャンピオンにもなったことがあるオーナーは、幼稚園からの幼馴染だ。

木製のコーヒーミルに豆を入れ、縁側でしゃべりながら、豆を挽く。ゆったりと時間が流れる。「コーヒー、飲む? 淹れるよ」と聞くと、少しの間を置いてTが「いただこうかな」と言う。その後に、「別にワインがエクレアに合わないってことじゃないけど」と、慌てて付け足す。

私は「Yも飲むでしょ?」と、Yに声をかける。「ねぇ、Tが持ってきてくれた中田屋さんのきんつば。あれ、ワインに合うと思うよ。うぐいすじゃない、小豆の方ね。試してみたら?」。私はミルを回しながらYに言う。「仏さまにお供えしているから、下ろしてきて」。

ワインに何が合うか? それは、人が生きていく上で、あまり重要なことではないかもしれない。それについて、アレコレ言い合ったり、落ち込んだり、喜んだりは、些末なこと。けれども、そんな何気ないことが、人生を豊かにしてくれる。

縁側に置かれた大き目のカッティングボードには、枝に付いたままの葡萄、イチジク、デーツなどのドライフルーツと、四等分に切られたきんつば、そして先日、Yにお土産としてもらったSee'sのチョコレートトリュフが乗っている。残念ながら、下戸一族の我が家の冷蔵庫にチーズはなかった。

Yは縁側に腰をかけ、足をぶらぶらさせながら、きんつばをかじっている。「うん。悔しいけど、エクレアより合う」。Tは、向き合う形で置かれた床几に座り、ワイングラスを傾けながら、ぼんやりと夜空を見上げ、「過去って、変えられちゃうんだね」と、独り言のようにつぶやいた。そして、縁側に座る私たちを見て、こう言った。

「私ね、〝銀行〟とのこと、やっぱり悪いとは思わないんだ。でもね……」そこで言いよどむと、少し苦し気に目を伏せた。「でもね、痛い」。そして、目を上げて言った。「〝銀行〟に対しても、奥さんに対しても」。一瞬にして、場の空気が緊張する。恒例のバトルが始まるのか？　と、Yの横顔に目を走らせると、意外な言葉が彼女の口から出た。

「奥さんにとっても、よかったんじゃないかな」。驚いた表情でTがYを見る。「過去が変えられるなら、奥さんの過去も変えられるんじゃない？」と言うと、Yはワインを飲み干した。

私はボトルに手を伸ばし、Yのグラスに注ぎながら口を開く。「でもね、それは他人の私たちが言えないよ。あくまでも、本人」。「そうだね。これは、奥さんが言う言葉だったね」と、Yが頷く。

「でもね私、また同じような恋愛をするかもしれない」。思い詰めたような表情でTが言う。「いいと思うよ」と、即答したYは「良い悪いじゃないけど。ね、お坊さん」と、私を見る。

「そうだね。縁が整えば、そうなるかもしれないね。でも、シシャモ君と同じように道を歩き始めたTは、今までとは違うと思うよ」。そう言うと、私はエクレアに手を伸ばす。「どうなるの？」、Tが、私の目を見て尋ねる。

私は右手にエクレアを持ったまま、「わからない」と言う。「え？」、Tの目に困惑の表情が浮かぶ。「だって、決まった答えはないから。でもね、自分の過去を、痛ましいと知らされた今、Tのこれからは、必ず変わるよ」。

そう言うと私は、エクレアにかぶりついた。キャラメルのほろ苦さに、口の中がちょっと驚く。けれども、その苦さのおかげで、次にくるカスタードの甘さが単調にならず、深みが増す。

「それって……。生き方が与えられるってこと？」。今度はYが、私の顔を覗き込むようにして聞く。「生き方って、人中の蓮としての生き方ってこと？」と、Tも言うが、エクレアを頬張った私は、話すことができず、黙って頭を上下に振る。

Tが続ける。「そういえば私たちって、勉強の仕方、仕事の仕方、そんな付加価値については習ってきたけど、一番大事な本体問題の生き方って、習わないよね」。「確かに！」と、Yが頷く。「だから、本体問題なのに、付加価値で解決しようとする。付加価値が豊かになれば、幸せになると思い込んでいるからね」とTが言う。

「そうだね。そんな私たちが、蓮の華としての生き方を与えられるってことは、現実を逃げ出さない力を貰うってことかもね」。そうYは言うと、干し葡萄を枝からちぎって、口に放り込む。

「確かに、力を貰うよね。だって、お釈迦さまと、阿弥陀さまが、前後を固めてサポート。おまけに進むのは、細くて険しいけれど、実は落ちても大丈夫な道」と、頷きながらTが言う。

「仏像を通して、大丈夫だよっていう、いのちの先輩たちからの声を聞かせてもらうって、お坊さんが言っていたけど、ほんと、そうだよね」と、Yがグラスを傾ける。

「大丈夫だよ……」。Tは自分自身に言い聞かせるようにつぶやくと、本堂に目を向け、阿弥陀さまを見ると、そっと手を合わせた。それに気づいていないYが私に話しかける。「そういえば親鸞さんは、空しさについて何か言っているの？」。

コーヒーを一口飲んで、私はおもむろに口を開く。「本願力《ほんがんりき》にあいぬれば　むなしくすぐるひとぞなき　功徳の宝海《ほうかい》みちみちて　煩悩の濁水《じょくしい》へだてなし」。

「和歌？」と、Tが聞く。「そう、親鸞さんが詠んだ和讃《わさん》っていわれる歌」と私は答えると、言葉を続ける。

「阿弥陀さまのはたらきに遇うことができたなら、そのいのち、決して空しくおわりませんよ。まるで宝の海のような阿弥陀さまのはたらきが、私たちの煩悩の汚れた水を包み込んでくださる。これは蓮だね。蓮の汚い泥が、大事なものに変えられるのと同じこと」。

「もう一度、その歌を言って」と、Yが促す。「本願力にあいぬれば　むなしくすぐるひとぞなき　功徳の宝海みちみちて　煩悩の濁水へだてなし」。私は、ゆっくりと言う。

「阿弥陀さまのはたらきに遇うことができたら、このいのちは空しくないって。そう、親鸞さんは言ってるんだね」と、念を押すようにYが言う。「それって、阿弥陀さまに遇うことで、空しさから解放されるってこと?」と、T。

「そうだよ。実はこの言葉は、親鸞さんよりも、シシャモ君の物語を作った善導さんよりも、もっと前のインドに生まれた天親《てんじん》って人の言葉が基《もと》になっているんだけどね」。

「それって、それだけ長い間、しかも国も、民族も違う人たちに、はたらき続けてきたってことだよね」と、Tが言う。ワインのグラスは、横に置かれたままだ。

「インド、中国、日本。シルクロードじゃないけど、まるで道だね。空しさを超える、見えない道」と、Yが遠くを見るような目で言う。私は、TとYの顔を見ると、笑顔で言った。「そうだね、その道は、今、ここにも続いているよ」。

冴え冴えとした月が夜空に耀いていた。

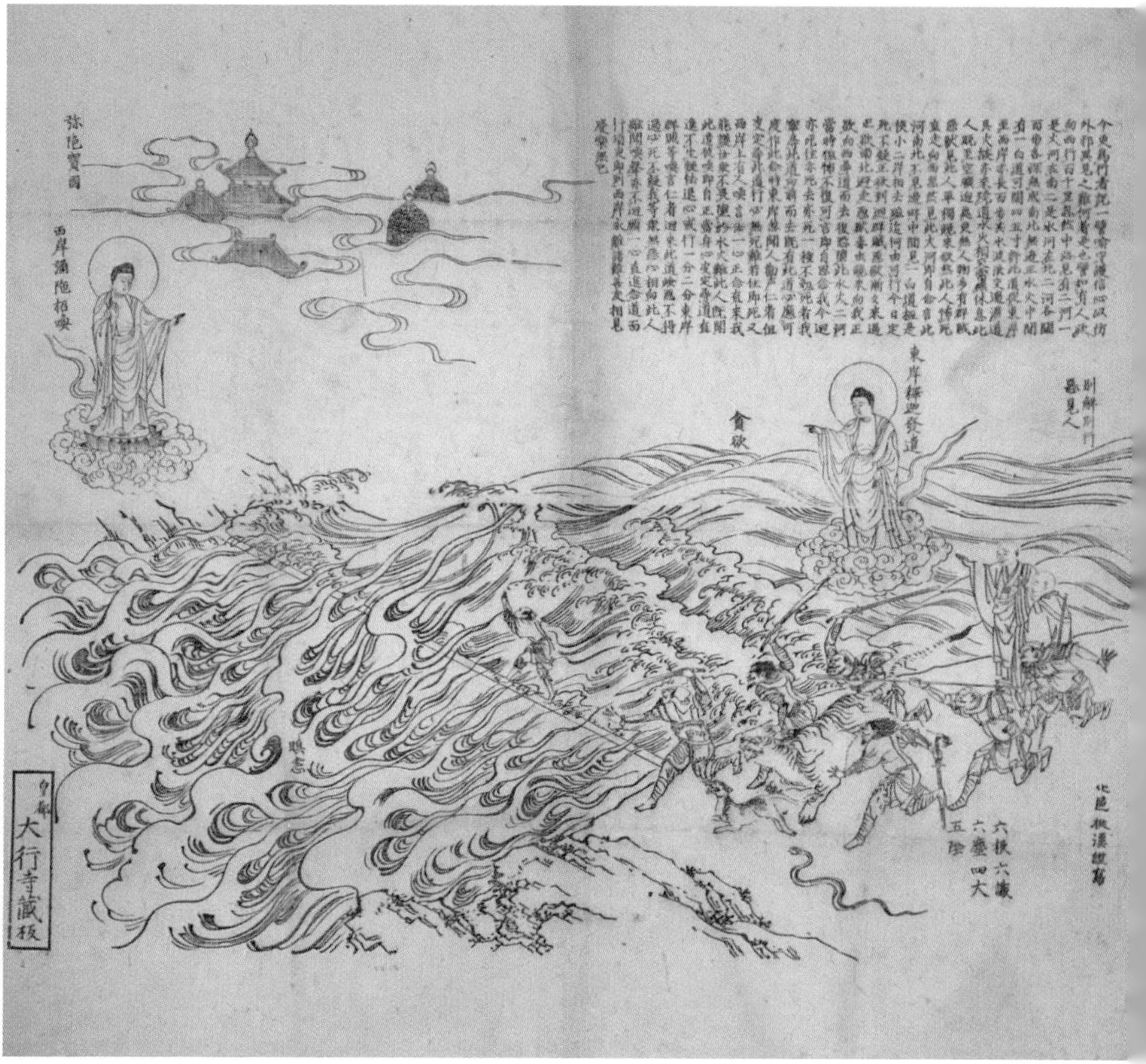

「二河白道図」（京都・大行寺蔵）

〔付〕『観経』と『観経疏』と、善導さんと親鸞さん

「二河白道《にがびゃくどう》」は、中国の善導大師《ぜんどうだいし》という人が書いた、『観無量寿経疏《かんむりょうじゅきょうしょ》』（『観経疏《かんぎょうしょ》』）という本に出てくるたとえ話です。『観経疏』は『仏説観無量寿経』（『観経』）というお経さんの注釈書で、親鸞聖人にも大きな影響を与えました。

では、善導大師とはどのような方だったのでしょうか？　そして、『観経』というお経さんには何が説かれていて、それを、どのように受け止めて、『観経疏』という注釈書を書かれたのか？　そして親鸞聖人は、どう受け止められたのか？　ザックリとですが、順番に尋ねていきましょう。

善導大師

六一三年に中国の泗州《ししゅう》（現在の安徽省《あんきしょう》）、もしくは青州《せいしゅう》（現在の山東省）に生まれ、六八一年に六十九歳で亡くなったとされています。日本でいうと、聖徳太子（五七四〜六二二）の晩年と重なります。十歳で出家をし、十五歳で仏道の師を求め、各地を巡り歩いた善導大師は、二十六歳の頃、道綽禅師《どうしゃくぜんじ》（五六二〜六四五）という方が晋陽《しんよう》（現在の山西省太原市）の玄中寺《げんちゅうじ》で浄土の教えを説いていると伝え聞き、いてもたってもいられず、厳冬の寒風の中を、千里の道を駆けて会いに行かれたといわれています。

気になって調べてみると、玄中寺がある太原市の気温は、最も寒い一月の平均最低気温がマイナス一二度で、時にはマイナス二〇度以下になることも。おまけに、お寺があるのは標高九〇〇メートルの山の中です。私もお参りをしたことがありますが、車で山門まで行ったので、なんだかズルをした気分です。当然のことながら、当時は車があるはずもなく、あの山を徒歩で、しかも冬になんて……。せめて春まで待とうよと思ってしまいますが、それほど強く、教えを求めておられたんですね。

さて、三十三歳の時に師の道綽禅師が亡くなり、長安に出た善導大師は、『観経疏』を始めとする書物を記しただけでなく、阿弥陀さまのお浄土が説かれた『仏説阿弥陀経』というお経さんを数万巻、書写されました。その後、六十歳で、洛陽龍門（現在の河南省洛陽市・龍門石窟）の大仏（大毘盧遮那仏）造営に携われます。

一途に道を求めた善導大師は、道綽禅師を通して教えに出遇うことができた後も、そこに腰を下ろすことなく、出遇うことができた教えと、真摯に向き合い続けられたのです。

『仏説観無量寿経』（『観経』）

『観経』が説かれた場所、登場人物、そしてあらすじを、内容に沿って尋ねていきましょう。このお経さんは、説かれた場所が王宮《おうぐう》と耆闍崛山《ぎしゃくっせん》と二ヶ所あることから、「一経両会《いっきょうりょうえ》」といわれています。

○説かれた場所（二ヶ所）

王宮《おうぐう》

耆闍崛山《ぎしゃくっせん》

○主な登場人物（名称、順番は親鸞聖人『浄土和讃』より。カッコ内は次の「あらすじ」での名称）
釈迦牟尼如来《しゃかむにによらい》（→　お釈迦さま）
阿難尊者《あなんそんじゃ》（→　アナン）
頻婆娑羅王《びんばしゃらおう》（→　ビンバシャラ）
韋提（希）夫人《いだいけぶにん》（→　イダイケ）
耆婆大臣《ぎば》（→　ギバ）
月光大臣《がっこう》（→　ガッコウ）
提婆尊者《だいばそんじゃ》（→　ダイバダッタ）
阿闍世王《あじゃせおう》（→　アジャセ）
守門者（→　門番）

○あらすじ
①場所・耆闍崛山（霊鷲山《りょうじゅせん》）
お釈迦様が王舎城《おうしゃじょう》（城といいますが建物ではなく、古代インドの大国マガダの首都を指しています。現在のラージギルか）の耆闍崛山で、千二百五十人のお弟子さんたち、そして智慧を象徴する文殊菩薩を始めとした、三万二千の菩薩の方々に説法をされていました。その説法は、『法華経』だったともいわれています。

② 場所・王宮

ちょうどその時、王宮では後に「王舎城の悲劇」といわれる事件が起こっていました。マガダ国の王子・アジャセが、悪友のダイバダッタにそそのかされて、父であるビンバシャラ王を牢獄に幽閉。家臣に命じて、誰も近付けないようにしたのです。しかしアジャセの母である王妃イダイケは、こっそり食べ物を運び込みます。ちなみにお経さんには、何をどのようにして運んだか、その様子が詳しく説かれています。

そうして食べ物を得たビンバシャラ王は、牢獄の中から耆闍崛山におられるお釈迦さまを念じ、お弟子さんを遣わし、説法をしてくれるようにと依頼します。それによって、食べ物だけでなく、法《おしえ》をも得ることができた王は、幽閉されて三週間を経ても心穏やかでした。

そこへアジャセがやって来て、門番に聞きます。「父の王は、今なお生きているか」と。食べ物を運ぶイダイケや説法に来るお釈迦さまのお弟子さんたちのことを門番が伝えると、アジャセは烈火のごとく怒り、「母も敵だ！　反逆者と同じだ！」と叫び、刀を抜くと、母を殺そうとします。

そこへ聡明な家臣、大臣のガッコウが、医者のギバと共に進み出て言います。「大王！　今まで数多くの悪王がおられ、王位欲しさにその父を殺した話は一万八千に及びます。けれども、母を殺した話など聞いたことがありません！」。そして二人は、刀の柄《つか》にしっかりと手をかけながら、ゆっくりと後退さったのです。その殺気にアジャセは驚き、恐れ、異母兄でもあるギバに言います。

「ギバよ、私を殺そうとするのか……」。「大王、母を殺すことはやめてください」。ギバの言葉を聞き、アジャセは刀を捨てます。そして家臣に命じて、母を王宮の奥深くに閉じ込めてしまいます。

幽閉され憔悴しきったイダイケの目の前に、耆闍崛山で説法をしていたお釈迦さまが現れます。そのお姿を見た瞬間、イダイケの中の行き場のない怒りが爆発し、身に着けていた瓔珞《ようらく》といわれる首飾りを引きちぎって投げ捨てるや、床に突っ伏して泣き叫びます。

「私は何の罪も犯していないのに、アジャセみたいな子ができるなんて！　おまけに、アジャセをそそのかした、ダイバダッタと親戚なんでしょ？」と、お釈迦さまに食ってかかります。ダイバダッタは、お釈迦さまの従弟だったのです。

『観経』には説かれていませんが、『涅槃経』というお経さんには「王舎城の悲劇」の背景が説かれています。

お釈迦さまを妬んだダイバダッタが、お釈迦さまの支援者だったビンバシャラ王を、その子・アジャセに殺させ、自分はお釈迦さまを殺し、教団を乗っ取ろうと画策したのです。

しかし、父を尊敬していたアジャセに断られます。するとダイバダッタは、こんな話をします。ビンバシャラ王はイダイケに命じて、高い塔の上から君を産み落とさせ、殺そうとしたと。王には王の事情があったとはいえ、実の親に殺されそうになった過去の出来事を知ったアジャセは、ダイバダッタの思惑通り、父を手にかけたのでした。

さて、どれくらいの時間が経ったでしょうか、お釈迦さまに散々悪態をついたイダイケは、泣き疲れ、自問自答を始めます。

「こんな苦しみの中で、どうやって生きていくの？　何のために、生きるの？　おまけに、私を救ってくれると思っていたお釈迦さまが、諸悪の根源のダイバダッタと親戚なんて！　私を苦しめる存在と、私を救うはずの存在が繋がっていたなんて！　私は、どうしたらいいの？」。

イダイケがぶつかったこと、それは、自分自身がわからないということです。大国の王妃として、地位も名誉も財産もあったイダイケ。その彼女が、それらの象徴であった瓔珞を捨てたことは、王妃としての立場であり居場所の崩壊を表しています。

それだけではありません、その瓔珞の飾りの中に葡萄の汁を入れて、幽閉されているビンバシャラ王に持って行っていたのです。目に見える形として、愛する人との繋がりがわかる瓔珞をかなぐり捨てることは、その人との繋がりが断ち切られるようなものです。

ある意味、それは放棄です。他者をではなく、イダイケは自分自身のいのちを放棄したのです。何もかもがなくなってしまい、自分の立場も、存在も、何のために生きるのかも、わからなくなった。

そうなると、自分を救うと思っていたお釈迦さまの存在も、その教えも、わからなくなってしまいます。だから、悪態がつけたのです。教えを説き、自分を救ってくれる存在としてではなく、自分を苦しめたダイバダッタの身内としてお釈迦さまを見たからです。

自分という存在をわかったつもりでいたときは、仏さまの救いというものも、だいたいイメージができます。イメージできずとも、考えて、理解したつもりになれます。けれども、自分がわからなくなったとき、わかったつもりでいた仏さまの救いも消えてしまうのです。お釈迦さまが目の前にいても、です。って、ややこしい言い方をしてしまいました。ゴメンなさい。

実はイダイケは、夫のビンバシャラ王と一緒に、よくお釈迦さまの説法を聞いていたのです。けれども、思いもよらない出来事が我が身に降りかかると、その教えは何の役にも立たなかった。つまり教えというのは、人間の知性、理性、そういった、自分の「思い」で理解するものではないのです。

なぜなら、自分が理解したような教えは、自分が行き詰まれば、教えも同時に行き詰ってしまうからです。瓔珞で表される様々なものがはぎとられ、知性、理性といった、とりすました自我が崩壊されて初めて、教えがあったと知らされたのです。と同時に、その教えを求める心が、イダイケの中に起こされたのです。

我が子によって夫を失い、自分も害されそうになったイダイケは、深い悲しみ、苦しみ、怒りによって自分自身を見失い、何のために生きるのか、わからなくなりました。空しさの穴に落ち、人生が行き詰ったのです。けれども、自分の目の前にお釈迦さまが現れてくださったことで、教えがあったことに気づかされます。そこでイダイケは、お釈迦さまに迷い苦しみを超えた、清らかな国を見せてくださいと願います。

その時です、お釈迦さまの眉間から光が放たれ、様々な国が現れました。そのどれもが素晴らしく、尊いものでしたが、イダイケはそれらの国ではなく、自分の都合の善し悪しを超えた阿弥陀さまの国に生まれたいと願いました。お釈迦さまが見せてくださった無数の国ではなく、自ら阿弥陀さまの浄土を選んだのです。これを専門用語で、「韋提希《いだいけ》の別選《べっせん》」といいますが、それは、イダイケからは起こされるはずのない心でした。この場面は「光台現国《こうだいげんこく》」といわれ、『観経』のハイライトのひとつです。

それに対してお釈迦さまは、「阿弥陀さまは、ここから遠いところにおられるのではない」と言い、悲しみのどん底で、この願いを起こしたイダイケを快く思われます。そして、西方にある阿弥陀さまの極楽世界を観る方法を説こうとされます。

ここで驚くべき言葉が、イダイケから出てきます。「お釈迦さまが亡くなった後の人々は、どうやって阿弥陀さまの極楽世界を見ることができるのでしょうか」。

なんと、自分のことだけでなく、未来の私たちのことまでも心配してくれたのです。このイダイケの問いを受けて、お釈迦さまは丁寧に、阿弥陀さまのお姿と、阿弥陀さまの国土であるお浄土を観る方法を説かれます。

それは、具体的かつ実践的な内容で、十三種類もありました。専門用語で「定善十三観《じょうぜんじゅうさんかん》」といいます。それに続き、人それぞれの性質や能力によって、お浄土に迎え入れられる様子が違うことを三種類で表す「散善三観《さんぜんさんかん》」を説かれました（「定善」「散善」を十三と三に分けるのは、善導大師の受け止めを基にしています）。この「散善三観」は、さらに細かく九つに分けられ、「九品《くぼん》」ともいいます。

お釈迦さまは、この「九品」を説明する前に、ポイントとなることを押さえられます。それは、次の三つの心を起こしたものは、必ずお浄土に迎え入れられるとして、至誠心《しじょうしん》、深心《じんしん》、廻向発願心《えこうほつがんしん》の「三心《さんじん》」を示されました。

そして「二河白道の譬え」は、ここに登場します。もちろん『観経』にではなく、それを注釈した『観経疏』ですが。著者の善導大師は、この「三心」の廻向発願心の説明の中で、「二河白道の譬え」を表したのです。

さて、「定善十三観」・「散善三観」、合わせて十六観を説き終わり、お釈迦さまの説法は終わりました。それによって、イダイケと五百人の侍女は、阿弥陀さまと阿弥陀さまのお浄土の姿、そして観音菩薩、勢至菩薩のお姿をも観ることができたのです。

③ 場所・耆闍崛山

イダイケへの説法を終えたお釈迦さまは、付き従っていたアナンと共に、耆闍崛山での説法の場に帰りました。集まっていた人々の前で、アナンは王宮で起こったこと、そのすべてを説きます。数えきれないほどの諸々の天の住人までもが、その説法を聞き、大いに歓喜し、お釈迦さまに手を合わせると、それぞれの場へと退いていきました。

『観無量寿経疏』（『観経疏』）

『観経』のメインは、タイトルにもあるように、あくまでも「観る」ということです。「あらすじ」では割愛しましたが、阿弥陀さまや阿弥陀さまの国土であるお浄土を観る方法が、詳しく説かれていて、思わず実践してみよう！　と思ってしまいます。実際、阿弥陀さまや、そのお浄土を観ることができるとあって、『観経』は中国でとても流行しました。

ですので、善導大師だけでなく、多くの方々が注釈書を書いています。地論宗《じろんしゅう》の浄影寺慧遠《じょうようじえおん》（五二三〜五九二）、三論宗《さんろんしゅう》の嘉祥寺吉蔵《かじょうじきちぞう》（五四九〜六二三）、天台宗の天台大師智顗《ちぎ》（五三八〜五九七）など、当時のトップランナー的仏教学者の面々。皆さん、善導大師の大先輩にあたります。優れた先輩たちがすでに注釈書を書いているのに、善導大師が改めて書かれたのは、なぜか？

『観経疏』の終わりに、こんな一文があります。

「某《それがし》今この『観経』の要義を出《いだ》して、古今を楷定《かいじょう》せんと欲す」と。

某とは善導大師ご自身のことです。お釈迦さまが『観経』で説きたかった本当のことを、お経さんから取り出しここに記したのは、昔も今も違ったままになっている、『観経』の理解や受け止め方を明らかにするためだと。では、いったい何が違っているというのでしょうか？

結論を言ってしまうと、誰のために説かれたのか？　その、誰のためか、ということの受け止めが違うのです。『観経』は、韋提希の問いにお釈迦さまが答えられた説法の記録ですから、韋提希のために説かれたものです。これはハッキリしています。

では、韋提希とは、何者か？　それまでの仏教界の常識では、韋提希は菩薩で、私たちを導くために仮に、あのような姿をしていただけだとされていました。そうなると『観経』は、聖人といわれるような偉い人のために説かれたお経さんになってしまいます。

けれども善導大師は、韋提希は悩み苦しみを生きる凡夫の代表だとしたのです。すると『観経』は、凡夫のために説かれたお経さんになります。

つまり、聖人といわれるような能力のある特別な人たちが、阿弥陀さまや阿弥陀さまの国土を観て救われていくことを説く経典ではなく、能力もなく、観ることもできないような凡夫が、凡夫のままで救われていく経典だと、明らかにされたのです。

ちなみに凡夫とは、縁が整えば何をしでかすかわからない人のことで、迷いの中にいる人のことですから、控え目にいっても、かなり乱暴な見解です。なぜなら、能力もあり、努力もできるような聖人だけでなく、能力もなく、努力もできない、迷いの中にいる劣った凡夫が、聖人と同じようにお浄土に往生できるということだからです。

でも、そもそも、聖人と凡夫の違いって、何でしょう？

『観経』の説明の中で、「九品」という言葉がありました。

上は「上品上生《じょうぼんじょうしょう》」から、下は「下品下生《げぼんげしょう》」まで。その間に「上品中生《じょうぼんちゅうしょう》」「上品下生《じょうぼんげしょう》」「中品上生《ちゅうぼんじょうしょう》」「中品中生《ちゅうぼんちゅうしょう》」「中品下生《ちゅうぼんげしょう》」「下品上生《げぼんじょうしょう》」「下品中生《げぼんちゅうしょう》」とあるというのですが、いったい何が違って、何が九品に分けているのでしょうか？

驚くべきことに、善導大師は九品みんな一緒！と言い切られました。専門用語で「九品唯凡《くぼんゆいぼん》」というのですが、出遇った縁が違うだけだとされたのです。教えに出遇う縁があったのか、なかったのか。どのような教えに出遇う縁だったのか。出遇う縁によって、変わるというのです。

私自身、志高くして僧侶になったのではありません。と、偉そうに言うことではないですが。アメリカに渡り、ビザ欲しさで、手段として僧侶になっただけです。アメリカに家出しなければ、逃げ出したいほど追い詰められていなければ、僧侶にはなっていませんでした。たまたま出遇った縁によって、今の私があるのです。

お坊さんでなかった時の私と、お坊さんになった私の違いは、お坊さんになる縁に出遇っていなかったか、出遇ったか、それだけです。だから、「ビフォー・お坊さん」も、「アフター・お坊さん」も、私は変わらずに一緒です。厳密にいえば、一緒ではありませんが、私の性質や資質といった根本的なところは変わりません。お坊さんになっても、腹を立てたり、人を妬んだり、そんな根性はなくなりません。正真正銘の、凡夫です。だから善導大師は「九品唯凡」と仰ったのかもと、思ってしまいます。

これは私の想像にすぎませんが、人間の本質と徹底的に向き合われた方なのかもしれません。『観経』の受け止め方が、善導大師は違ったといいましたが、違ったのはお経さんの受け止めだけでなく、人間観だった。そう私が思うのは、『観経』の名前が違うからです。

『観経』は『仏説観無量寿経』ですが、『観経疏』ではそれが『仏説無量寿観経』と書かれているのです。「観」の位置が違うので、それによって意味が変わります。

『仏説観無量寿経』（一般的）→無量寿仏（阿弥陀さま）を観る
『仏説無量寿観経』（善導大師）→無量寿仏（阿弥陀さま）によって観る

と書かれています。

「無量寿仏（阿弥陀さま）によって観る」ってわかりにくいですが、「観」とは「照」だと、『観経疏』に書かれています。

つまり「阿弥陀さまが私たちを照らしてくださっていますよ」ということ。「二河白道の譬え」でいうと、阿弥陀さまからの喚びかけがありますよと、いうことです。

喚びかけられて、無視をするのもどーかと思うので、聞こえたら、「聞こえたよー」とか「はーい」と返事しますよね。応答です。それが、お念仏なんです。

仏を念じるお念仏には、そのお姿を念じる「観想の念仏」と、お名前を口に称える「称名念仏」とがありますが、『観経』は、「観想の念仏」の方法が説かれたお経さんでした。

事実、十六種類もの方法が丁寧に説かれています。けれども善導大師は、それは表に顕《あらわ》れたものであって、隠れているお釈迦さまの本当の願いがある。それは「称名念仏」だと結論づけられたのです。

なぜなら、『観経』の終わりに、お釈迦さまのこんな言葉があるからです。

「汝《なんじ》よ好くこの語《ことば》を持《たも》て。この語《ことば》を持《たも》てというは、すなわちこれ無量寿仏の名《みな》を持《たも》てとなり」。

南無阿弥陀仏をたもて、つまり称名念仏を勧めておられるのです。

善導大師はこの部分を、『観経疏』でこう注釈しています。

「仏の本願の意を望まんには、衆生をして一向に専ら弥陀仏の名を称するに在り」と。

これは、「お釈迦さまが説法で本当に説きたかったこと、それは、阿弥陀さまが私たちに願われたのは、阿弥陀さまのお名前を一心に称えること」という意味です。

さて、人間観が違うというのは、努力をすれば「観想の念仏」ができる私たちなのか？　ということです。できる人もいれば、できない人もいます。できる時もあれば、できない時もある。人や時を選び、生きとし生けるものすべて、ではありません。努力や能力のいかんにかかわらず、それが人間の本質です。

その事実に立った時、「称名念仏」は、「観想の念仏」ができない劣ったもののためにあるのではなく、「生きとし生けるものを必ず救う」という阿弥陀さまの願いに応答したものだったと、ハッキリと知らされるのです。

では、阿弥陀さまの「生きとし生けるものを必ず救う」という本願。残念ながら、信じなければ、ないのと同じです。ぶっちゃけ、本願はおろか阿弥陀さまだって実際には見えません。どこにあるの？　と思いますが、あるのは、念じたところです。だから、「阿弥陀さまの名を称えよ」と仰るのです。名を称え、仏を念じた時、阿弥陀さまは、ここに来てくださいますよと。

実際、『観経』の中に、こんな場面がありました。

苦しみのどん底で嘆き悲しみ、お釈迦さまに当たり散らした後、自分の都合の善し悪しを超えた、阿弥陀さまの世界に生まれたいと願うようになった韋提希。

お釈迦さまは、「阿弥陀さまは、ここから遠いところにおられるのではない」と仰いました。『観経』には、「去此不遠《こしふおん》」と書かれています。「此《ここ》を去ること、遠からず」です。

自分が努力して阿弥陀さまを観るのではなく、努力をしたくても出来ないような状態の中にいる私を、照らすはたらきがある。阿弥陀さまと、そのお浄土を観ようとしていた私を、実は、阿弥陀さまが、すでに観てくださっていたのです。

親鸞聖人の受け止め

善導大師が亡くなってから、およそ五百年後の日本で生まれた親鸞聖人。その著書に、韋提希の名前は八回登場します。和讃を含めると、もっとになります。その八回の中で、「韋提と等しく」という表現が二回あります。何が韋提希と等しいのかというと、同じように「三忍《さんにん》」を得るというのです。

「三忍」は「真理を確信する境地」(『正信偈の教え』古田和弘)なのだそうですが、ハッキリ言って、イマイチわかりません。わかりませんが、ここでのポイントは「韋提希と同じように」なので、サラッと流させてください。

さて、ポイントである「韋提と等しく」。これは、実際にお釈迦さまに出遇うことができた韋提希と同じく、ということですので、お釈迦さまに出遇うことができなくても、韋提希と同じように三忍が得られるという意味になります。

なぜそんなことが起きるのかというと、「本誓《ほんぜい》に籍《よ》るがゆえなり」と親鸞聖人は書いています。つまり、阿弥陀さまの「生きとし生けるものを必ず救う」という本願の誓いがあるから。それが、根拠になっているのです。

ここが、すごいところなのです。

何がすごいかというと、お釈迦さまと阿弥陀さまがおられるのです。お釈迦さまは、阿弥陀さまの本願がありますよと教えてくださる「教主」で、阿弥陀さまは、救ってくださる根拠であり本体である「救主」です。

「教主」は覚った人で、「救主」は覚りの法、教えです。そして、私たちが救われるのは、教えによってです。法によって救われるので、実際にお釈迦さまに出遇うことができなくても、お釈迦さまが亡くなった後でも、大丈夫なのです。

これは「二尊教《にそんきょう》」といって、善導大師が明らかにされたことですが、「教主」と「救主」が別というのが大事なのです。

もし一緒なら、大変なことになります。なぜなら、教えの根拠が人間になってしまうからです。そうなると、その人に会わないと救われないことになりますし、その人が亡くなれば、生前のままの教えが次に続くのは難しくなります。それでは、宗教の普遍性が担保できません。

「二河白道の譬え」で、東の岸に「教主」であるお釈迦さまがいて「行け」と勧め、西の岸からは「救主」である阿弥陀さまが「来い」と言ったというシーンがありました。

「教主」が、救いの根拠に「行け」と教え、救ってくれる「救主」が「来い」と迎え入れる。お釈迦さまと阿弥陀さまによって成り立つ「二尊教」が端的に説かれていましたが、他でもない韋提希もお釈迦さまの「行け」との言葉に力をもらい、白い道を歩いた一人なのです。

そして親鸞聖人が「韋提と等しく」と言うように、実際にお釈迦さまに出遇うことができなかった親鸞聖人ご自身も、そして私たちも、韋提希と同じように救いを得られるのです。

さて、韋提希の名前は、親鸞聖人の主著『顕浄土《けんじょうど》真実《しんじつ》教《きょう》行《ぎょう》証《しょう》文類《もんるい》』（全六巻）の最初にも登場しています。

阿弥陀さまのはたらきを述べた後、「しかればすなわち、浄邦縁《じょうほうえん》熟して、調達《じょうだつ》、闍世《じゃせ》をして逆害を興ぜしむ。浄業機《じょうごう》彰《きあらわ》れて、釈迦、韋提《いだい》をして安養《あんにょう》を選ばしめたまえり」とあるのですが、「調達」はダイバダッタ、「闍世」はアジャセ、「釈迦」はお釈迦さまで、「韋提」はイダイケなので、『観経』の登場人物が大集合です。

これは、「浄土の教えが説かれる縁が熟したから、ダイバダッタとアジャセを使い、道理に背く行為を興《おこ》させた。浄土に生まれるための『業』として『人』に彰《あらわ》れたので、お釈迦さまはイダイケを使い、阿弥陀さまの浄土を選ばせた」といった内容になります。ここで注目したいのは、冒頭の言葉です。

親鸞聖人は、「浄土の教えが説かれる縁が熟した」と、「王舎城の悲劇」を受け止めているのです。びっくりです！　親殺し、そして、その背景にある子殺し未遂事件。古今東西、老若男女、誰が聞いても、これは悲劇です。なのに親鸞聖人は、悲劇と受け取らなかったのです。

この言葉の前に書かれていたのは、阿弥陀さまのはたらきです。阿弥陀さまのはたらきに出遇うことができたなら、どうなるのか？「二河白道の譬え」では、西の岸に到ったら、「諸々の難が永遠に離れる」とありました。つまり、諸難の事実が、事実として見えるようになるのです。

私の恥ずかしい話を何度もするのは心苦しいことですが、弟に寺を出て行かれたのでも、出て行ってもらったのでもなく、出たという事実があるだけだという、あの話と同じです。

被害者も、加害者もいないのです。だから親鸞聖人は、ダイバダッタに「尊者」という敬称をつけられたのです。『観経』の主な登場人物の紹介で引用した、親鸞聖人が詠まれた『浄土和讃』に並ぶお名前。「提婆尊者」と書かれているのは、ダイバダッタによって、浄土の教えが広く説かれる縁となったから。それは、紛れもない事実です。

それだけではありません。「守門者」として、門番の表記があります。引用では割愛しましたが、「阿弥陀如来」から始まり、『浄土和讃』には合計一五人の名前が並んでいます。

如来さまや菩薩さまを、人としてカウントしていいのか微妙ですが、とにもかくにも一五のお名前です。それが、「阿弥陀如来」から始まり、「守門者」で終わっている。つまり、すべて関係しているということなのです。

さて、「王舎城の悲劇」を「浄土の教えが説かれる縁が熟した」と、親鸞聖人が受け止めたという事実。これは、世間の価値観では悲劇だとされてきたことを、縁が熟したと受け止めたという事実です。つまり、今、私が、そしてあなたが置かれている状況も、縁が熟したということなのです。

参考図書

○基本の本

『真宗聖教全書　一　三経七祖部』真宗聖教全書編纂所　大八木興文堂

（『仏説観無量寿経』、善導の『観経疏』が漢文で掲載されています）

『真宗聖典』真宗聖典編纂委員会　東本願寺出版部

（本文に登場しているのは、この聖典です！）

『浄土真宗聖典　七祖篇　註釈版』教学伝道研究センター　本願寺出版社

（善導の『観経疏』が、読みやすい書き下し文で掲載されています）

○「二河白道の譬え」について

『二河白道の譬え』寺川俊昭編　東本願寺出版部

（ポイントが簡潔にまとめてあります）

『廣瀬杲講義集　第五巻　宗教心——二河譬』廣瀬杲　文栄堂

『二河白道のおしえ』大森忍　法藏館

○親鸞聖人の著書にみる「二河白道の譬え」について

『教行信證講義集成　第五巻　信證Ⅰ』仏教大系完成会編　法藏館

（江戸時代の学僧による、親鸞聖人が引用した「二河白道の譬え」の解説）

『教行信證講義』山邊習学・赤沼智善　第一書房
『講解教行信證　信の巻』星野元豊　法藏館
「『教行信証』の化身土巻を読む」一楽真講述　真宗大谷派専念寺サイトより

○善導とその著書『観経疏』について
『正信偈の教え　下』古田和弘　東本願寺出版部
『正信念仏偈講義　第五巻』宮城顗　法藏館
『七祖教義概説』高木昭良　永田文昌堂
『観経四帖疏講義　玄義分』廣瀬杲　法藏館
『観経四帖疏講義　散善義Ⅱ』廣瀬杲　法藏館
『観経四帖疏講義　散善義Ⅲ』廣瀬杲　法藏館

○『観経疏』で解説された『仏説観無量寿経』について
『観無量寿経に聞く』廣瀬杲　教育新潮社
（『観経』全文の訳と解説があり、読み物としても楽しめます）

○その他
『真宗辞典』河野法雲・雲山龍珠監修　法藏館
『織田　佛教大辞典　新訂重版』織田得能　大藏出版
『新纂　浄土宗大辞典』浄土宗大辞典編纂実行委員会編集　浄土宗出版
『世界考古学事典　上』下中邦彦　平凡社

あとがき

時間がかかりました。かかりすぎました。この本を書くのに、あまりにも時間がかかったので、その間に私たちの生活様式や香港情勢も大きく変わってしまいました。あとがきを書いている今、この本に書かれている何気ないことが、実は特別なことだったと知らされます。友人たちと顔を突き合わせ、美味しいものを食べ、語らう。そのような日常のありがたさを、しみじみと感じます。

ところで、時間がかかったということは、長くお待たせした方がいたということです。そう、待たされた方、「本を出しましょう」とお声がけをくださった、春秋社の佐藤清靖さんの忍耐力があって初めて、この本が世に出ることができました。たっぷり時間をいただいたこと、感謝していま す。おかげさまでじっくりと「二河白道の譬え」と向き合うことができました。

調子に乗った私は、善導さんや親鸞さんの漢文で書かれた原文を引っ張り出し、対校までして資料を作ってしまいました。この本の最後に収録されている「付録」、実は一〇倍近いボリュームがあったんです。まさに自己満足。ほんと、お恥ずかしい。と、目を離すと、爆走しがちな私（お見合いが嫌でアメリカに家出するくらいですから！）をうまく軌道修正してくださったことで、仏教に馴染みのない方にも手にしていただける、いいバランスの本になったのではないかなと思っています。本には収録できませんでしたが、『観経』まで遡って対校したことは、キッチリ内容に反映されています。そう、無駄なことなど、何もないのです！　でも、お世話になった佐藤さんのお名前を、この物語に登場させられなかったのが残念。

実はこの本に登場する人たちの名前や場所には、隠された物語があります。たとえばケン。長い闘病生活を経て二〇一九年に亡くなった、私のお兄ちゃんみたいな友達、Ken L. から名前を拝借しました。香港生まれの Ken と出会ったのが、本にも登場した ABL で、彼の結婚式が行われたのが、サンフランシスコのリッツカールトン。Yとケンが結婚式を挙げた場所です。アリスとカリーナは、私が働いていた語学学校の大ボス（Alice）と小ボス（Carina）母娘から。そして、ケンと結婚し趙太太となったYの趙という姓は、二〇二〇年に癌で亡くなった大事な友達、Chiu, N. から、などなど。

では、TとYは？　これは、私の両親の名前の頭文字で、人物はまったくのフィクションです。もちろん、〝銀行〟もフィクション。けれども、この本で書いた私自身のことはノンフィクションです。ちょこっと登場している恩師も、ノンフィクション。ちなみに、Tが金沢で民泊を始めるというくだりがありましたが、恩師、大谷大学の一楽真教授の出身地が小松。物語では、観光地・金沢にしましたが、石川県というのには背景があったのです。

その石川県の和菓子屋さんを始め、物語に登場するお店はすべて実在しています。私のお気に入りばかりを紹介していますので、機会があればぜひ。それだけでなく、TやYとまわった京都半日観光は、実際にアメリカから友人が来た時に行く定番コースなので、こちらも、よろしければお試しください。彼女たちとの仏教ガールズトークも、友人との間では、もはや定番。さすがに、資料を作れと言われたことはありませんが。

さてさて、そうして、大事な方たちを物語に織り込んだのはいいのですが、困ったことがおきました。登場人物が足りないのです。一〇年近いアメリカでの生活、そして日本に帰ってからの一一年、お世話になった方たちのお顔が次々と思い出されます。けれども、たとえ登場人物を五〇人に増やしても足りないし、一〇〇人でもきっと足りない。改めて、なんて多くの方たちに支えてもらって今の私があるのかと、気づかされた思いです。

その昔、絵本で読んだ、善導大師の「二河白道の譬え」。絵の強烈な印象と共に、登場人物がたどり着いたというお浄土とは、死のたとえなのか？　子ども心に、素直に喜べない結末が疑問として心に引っかかりました。今回、その有名なたとえ話をテーマに本を書くご縁をいただきましたが、ぶっちゃけ、身の丈に合いません。私には、荷が重すぎます。それでも、なんとか向き合うことができたのは、恩師を始め、多くの方々の支えがあってのこと。

一年以上に及んだ執筆は、「ムリ……。教えが大きすぎて、とても言葉では表現できない」と、挫けそうになることの連続。大学の総合研究室の書架の前で、ぼんやりたたずむ私が、よほど追い詰められているように見えたのか、「大丈夫？　死んだらダメ」と気遣ってくれる先輩もいたほどです。先輩と言いましたが、私の子どもくらいの歳なんですけれどね。

日本帰国後、大学、そして大学院で、聴講生として学び続けていますが、学びを深めることで知らされるのは、私は分かっていないという事実です。大学の図書館や総合研究室にある膨大な仏教書。初めて目にした時に感じた喜び、そして、一生かかっても読み切ることができないという、悲しさを含んだ残念な思い。どんなに頑張っても、その一端にしか触れることができないのに、まるで全部を知り、分かったかのように文字にすることが恐ろしかったのです。

って、カッコいい言い方をしましたが、正直なところ、身の丈に合わないことに取り組む自分の無謀さに、そして教えの大きさに、押しつぶされたのです。うちにはムリやわぁ、って。それが先輩の目には、自分を追い詰めているように映ったみたいです。

今回、「二河白道の譬え」を、空しさを超える道が説かれたものと得手勝手に受け止めましたが、このことが善導さんにバレたら、お叱りを受けちゃうかもしれません。けれども、この本をきっかけとして、善道さんや親鸞さんが出遇われた教えに興味を持っていただけたなら、そして、その教えが聞ける場に身を運んでいただくご縁ともなれば、とっても、とっても嬉しいです。ご参考までに、お話が聞ける場所を探すのは、このサイトが便利です。「浄土真宗の法話案内」(http://shinshuhouwa.info)。

奇しくも、文政四年一二月二五日に大行寺が建立されてから二〇〇年の今年、「皇都大行寺蔵版」として寺に残る「二河白道の譬え」の版画と向き合えたこと、ありがたかったです。

最後になりましたが、この本をお手に取ってくださり、ありがとうございます。読んでくださる方がいるという事実が、私の力となりました。お会いしたことのない読者の方たちにも支えられ、お育てをいただいているんですね。

お育てといえば、本文中にもご登場いただいた恩師・一楽真教授。ハグを全力で拒否されたのは実話ですが、学びたいという気持ちには全力で向き合ってくださいます。先生のお育てがなければ、今の私はいません。ありがとうございます。

二〇二一年九月　　秋晴れの京都にて

英　月

著者紹介◎英月（えいげつ）
京都市生まれ。真宗佛光寺派長谷山北ノ院大行寺住職。銀行員になるも、35回ものお見合いに失敗し、家出をしてアメリカへ。そこでテレビCMに出演し、ラジオのパーソナリティなどを務めた。帰国後に大行寺で始めた「写経の会」「法話会」には、全国から多くの参拝者が集まる。講演会や寺院向け講習会の講師を務めるほか、「毎日新聞」に映画コラムを連載、情報番組コメンテーターを務めるなど、その活動は多岐にわたる。
著書に、『あなたがあなたのままで輝くためのほんの少しの心がけ』（日経BP社）、『そのお悩み、親鸞さんが解決してくれます――英月流「和讃」のすすめ』（春秋社）、『お見合い35回にうんざりしてアメリカに家出して僧侶になって帰ってきました。』（幻冬舎）、『相親35次，煩到離家出走逃去美國，最後卻變成僧侶回來了！』（三民書局・台湾）、共著に、『小さな心から抜け出す　お坊さんの1日1分説法』（永岡書店）、『VS 仏教』（トゥーヴァージンズ）など。
大行寺ホームページ http://www7.plala.or.jp/daigyouji/

二《に》河白道《がびゃくどう》ものがたり——いのちに目覚める

二〇二一年一〇月二〇日　第一刷発行

著　者　英　月
発行者　神田　明
発行所　株式会社　春秋社
東京都千代田区外神田二—一八—六（〒一〇一—〇〇二一）
電話(〇三)三二五五—九六一一　振替〇〇一八〇—六—二四八六一
https://www.shunjusha.co.jp/
印刷所　萩原印刷株式会社
写　真　Noriko Shiota Slusser
装　丁　野津明子

ISBN978-4-393-13452-8

英月

そのお悩み、親鸞さんが解決してくれます

英月流「和讃」のススメ

人の悩みは、今も昔もたいして変わらないもの。尽きぬ悩みをざっくり恋愛・仕事・人生にわけて、著者が親鸞さんの詩歌（和讃）で解決します！仏教ファン待望の和讃の入門書。

一八七〇円

▼価格は税込（10％）